i

为了人与书的相遇

Redefining the Good Society

The Story of the Earthbound China in
Fei Xiaotong's Books

探寻一个好社会

费孝通说乡土中国

张冠生 著

广西师范大学出版社
·桂林·

图书在版编目(CIP)数据

探寻一个好社会：费孝通说乡土中国 / 张冠生 著.
-- 桂林：广西师范大学出版社, 2016.10
ISBN 978-7-5495-8868-8

Ⅰ.①探… Ⅱ.①张… Ⅲ.①费孝通（1910-2005）-传记 Ⅳ.①K825.4

中国版本图书馆CIP数据核字(2016)第229298号

特别感谢本书摄影沈继光先生

广西师范大学出版社出版发行

桂林市中华路22号　邮政编码：541001
网址：www.bbtpress.com

出　版　人：张艺兵
特约编辑：田南山
责任编辑：黄平丽
装帧设计：彭振威
内文制作：龚碧函

全国新华书店经销

发行热线：010-64284815

山东鸿君杰文化发展有限公司

开本：787mm×1092mm　1/32
印张：9　字数：120千字　图片：43幅
2016年10月第1版　2016年10月第1次印刷
定价：39.00元

如发现印装质量问题，影响阅读，请与印刷厂联系调换。

有这样一个人写过的东西，

真可以增加我们在尘世生活的兴趣。

——尼采

一部部珍贵的书稿，留下的是乡土中国终究要往哪里去的深刻探寻。（沈继光 摄）

费孝通说，自己一辈子只写了两篇文章，一篇"农村"，一篇"民族"。（沈继光摄）

1936年夏，费孝通（右）初访江村，与村中农民孩童合影，沈宝发（中）时年九岁。

1957年春，费孝通（右）二访江村，与沈宝发（中）一同观看英文版《江村经济》中的村景照片，回忆当年。（张祖道摄）

1996年春，费孝通（左）看到江村也有了家庭工厂，十分欣慰。

左起：费孝通、孟吟、潘光旦、吴文藻

左起：费孝通、夫人孟吟、大哥费振东、大嫂孙留云

1970年8月1日，费孝通在湖北五七干校写给大哥费振东的家书："今天已到40度……在大田里，还有点清风，比了阿坐在户里爽气些。汗反正不断，茶水送到田头，周身汗洗，想来是健身良方。'短衫汗透迎浆水'更觉切情了。露在衣衫外的皮肤已黑黝黝地如非洲人士。"

药水等剂刀头。用刀片
活引伯道理浆水更苋
喷已里别的。地如非
动。我还实3似许汤。
没有及支。出一起之小
引人注意。

位有二山三里，所以和
枸垫

药3等新枸参加活，没
和令做善率他务，回年
多，力加义事3。没市个体

学的前景引怎具体。再由
去万欣实窗下去的。事
里一直果 很革命 许不一
名旦革令 经历，思想，地
十月，几年万别的清告的。但
创辛轻些，进方几年表
一起，正家之星"带份级"3
\令借公辛一个主令过
"奋足"，产了3许多详浊

本书英文原本係1939年在伦敦初版，越四十七年始有中译本与国人相见，了却著者一椿心愿。谨此奉赠。下附译本出版发布会上即兴拈此一首，以表心意。

费孝通　敬赠
1986年12月20日

愧报村田作　无心论短长
路遥试马力　坎坷出文章
毁誉在人口　浮沉意自扬
涓滴乡土水　汇归大海洋
岁月春水逝　老来爱夕阳
画卷寻旧梦　江村当事忙

1986年，费孝通为《江村经济》汉译本初版赋诗、附记。

序 言

《探寻一个好社会》四题

胡洪侠

一

十几年前和书友邮件讨论书话文体时，我曾杜撰出一个"大书话"的说法，认为书话不必囿于"一点事实、一点掌故、一点观点、一点抒情"的套路，可以赋予其更重的担子、更大的使命。比如，可以有书话体通史与断代史，以及书话体传记之类。以此观张冠生的两本书，他前些年出版的《纸年轮》，正是他私家版的书话体中国百年史，而这本《探寻一个好社会》，则是名副其实的书话体费孝通别传了。

费孝通先生虽曾高居官位，终究是个学者，是个书人，是以文章和书籍安身立命之人。书人的一生可以说是由书籍组成，读书，写书，买书，译书，藏书，评书，乃至丢书、焚书，与书难舍难分。既如此，他的生活，当然就称得上是一则一则的书话：或长或短，亦悲亦喜，似断实连。冠生追随费先生多年，自己也读书著述多年，他以书话体重述费老的心路、学路、思路与书路，内外打通，前后勾连，游刃有余，亲切可读，既发挥出书话一体"真性情、真见识、真故事"的自由精神，也呈现出重回历史现场之亲闻、亲历、亲见的独有魅力。

二

我和费孝通先生曾有两面之缘，导引我前去拜见者则是冠生。

上个世纪九十年代初，冠生和我都在《深圳商报》闯荡。彼时深圳大热，海内外访客盈门，求职者络绎于途。我们分住不同的临时安置点，平时聊天机会并不多。忽然有一天，听说他要去北京。我自然纳闷：这可是逆潮流而动啊。待弄清他是去民盟中央，做费孝通先生的助手，心下也就释然，且佩服他身处喧嚣时代仍能守住书斋情怀。

那时深圳的书店、报刊亭买不到《读书》杂志，冠生到京后，逢新一期《读书》出刊，必会专门买几本寄到深圳，分赠好友，直到两三年后，时移世易，我们出手阻止，他方渐渐收手。好在费老乐于天南海北搞田野调查，境内外各种学术会议也多，我们在深圳见冠生一面尚属容易。忘了是一九九几年了，费老赴港讲学，道经深圳，冠生说要介绍我们去见见，我赶紧把多年积攒的十几种费老新书旧籍装满一纸袋，提到迎宾馆求费老签名。费老深坐沙发，俨然一佛；我们轻手慢脚，毕恭毕敬。他边签边评点一两句，比如"这本你也有啊"，或者"这一本现在不好找了"。拜见完毕，我们拉着冠生到附近大排档狂饮畅谈，天快亮时，谈兴犹未尽，高呼："老板，快拿啤酒！"昏昏欲睡的服务员说："对不起啊，我们家啤酒让你们喝光了。"姜威犹不饶人，说："岂有此理！啤酒还有喝光的时候？"

第二次见费老是在北京。冠生驱车接机，带我们来到北太平庄，进四号院，登八号楼。时值严冬，如今想来，那次拜见印象最深者，竟是室内扑面而来的温暖。暖气太足了，费老和我们聊天，只需穿薄薄的家常衣衫。至于聊了些什么，却是一句也记不起了。

1995年《深圳商报·文化广场》周刊创刊，我去北京组稿，照例住民盟中央的翠园，照例求冠生大哥帮东帮西。他说，前些日子，北京大学社会学人类学研究所举办"社会—文化人类学高级研讨班"，费先生首讲，题目是"从马林诺夫斯基老师学习文化论的体会"。"费先生端坐于讲台，一气讲了两个多小时。"他说，"我去问问费老，如果他同意，演讲录可以给你去发。"事情就这样成了——《文化广场》自第一期起，就有了"费孝通讲演录"专栏。一时间，文化旗帜高张，广场气象万千。

冠生在本书中提到："1996年秋，深圳朋友胡洪侠来京，为《文化广场》周刊组稿,听说这部译稿(《甘肃土人的婚姻》)传奇,唏嘘之余,建议放在俞晓群先生主持的'新世纪万有文库'书系出版,以见天日。遂将此议转述给费先生,得允准,也触动老人尘封六十余年的心事。"经他这一说,我忆起好像确有此事。我当时觉得那部译稿的命运神秘又传奇,更何况其间还有清华学子的学术追求,与新婚夫妻生离死别的人间惨剧,实在是惊天动地,非同小可。若逢今日,我也不用做顺水人情建议俞晓群出版了,我自己会马上组织力量编印出来。

三

"费先生享寿九五,一生起伏动荡,少年早慧,青年成名,中年成器,盛年成'鬼',晚年成仁,暮年得道。"这是冠生对费孝通生平的概括,言简意丰,堪称绝唱。

冠生写费孝通,是以自己真诚、坦荡、敏锐的生命,去感受、回应、探寻另一个深邃、复杂、博大的生命。我读冠生笔下的费老,常常因此辍读发呆,长吁短叹,时而扼腕,时而欣喜。

读书阅世越多,越觉得二十世纪的中国和中国知识分子,仿佛一对怨偶,相遇相爱,相知相思,相敌相仇,相折相磨,先是于新旧文化之间四分五裂,于启蒙与救亡之际各奔东西,接着于政权更迭之时南辕北辙,更于政治运动中上天入地,忽人忽鬼,经腥风血雨之变,受椎心刺骨之痛。其中犹难者,是几代知识分子频频面临各种选择，以及各种"被选择"，稍有不慎，或功败垂成，一无所有，或妻离子散，乃至家破人亡。

在《我这一年》中，费先生说，西柏坡之行，给他一记"当头棒喝"。革命的力量，已经赶走了装备精良的敌国敌军，接下来，"同样会把中国建设成为一个在现代世界中先进的国家"。"当我看到和接触到这个力量时，我怎能不低头呢？"

在迎面而来的时代面前，费先生触景动心，甘愿低头。冠生分析道："《我这一年》一文中，'知识分子'一词先后出现十四次，其中十二次属于贬义或否定性表述，两次勉强属于中性概念。费先生自知属于这个群体。1949年新政之后，对这个群体要做强力改造。对改造，费先生表示认同，'恨不得把过去历史用粉刷在黑板上擦得干干净净，然后重新一笔一笔写过一道'。"

本书《究天人之际》一节，记述费先生重读《史记》所思所想，值得注意。他说，文化变迁之中，知识分子有好几种态度：陈寅恪是自辟天地，不管新旧，自寻寄托；金岳霖是批判自己，弃旧图新；冯友兰是新旧嫁接，复归于旧；钱穆是坚守传统，自我流亡。费先生自称是第五种。他说还需要第六种，需要有人讲清楚"究天人之际"。

文化态度不同，文化选择即不同，阶级选择、政治选择和政权选择随之统统不同。要命的是，百多年来，这种种选择真的是会要命的。

四

接着费先生关于"知识分子文化态度"的话题往下讲，我的疑问则是：会有第七种吗？

有。

多年来我一直在关注乡先贤贺孔才先生的研究与资料，可惜研究不多，资料匮乏。他是古文大家贺涛的孙子，是古文名家吴闿生的高足，是齐白石的篆刻大弟子，是古文家，是诗人，是藏书家，是书法家，是报人，是国学导师，是桐城派殿军，是爱国者。新文化运动之际，他在北京求学拜师，在一片"桐城谬种"骂声中，守桐城家法，写古体诗文，文中从不见鲁迅、胡适新派大师的名字，也未见有白话文和新诗收入集中。若说旧，也够旧的了。可是，1949 年，他率先将几世递藏的古籍与文玩尽数捐献给新政权，且一身戎装加入南下工作团，参与接管武汉大学。后经齐燕铭推荐，去国家文物局办公室做主任。镇反风起，公安机关定他为"国民党骨干分子"，命他以"历史反革命"登记。他本以为已把自己"捐"成无产阶级，从此要重新做人，大展宏图，谁知求新不得，旧案难消。1951 年 12 月 18 日凌晨自尽。

他写在自尽前夜的几封遗书，是我迄今见到的他唯一一组白话文字。他以古文名世，终以白话文辞别。在给王冶秋的遗书中，他写道：

"……我从一九四九年就向你要求过，一直到今还继续向你要求着加入党的崇高愿望。到今天我才证明是不自量……因此我决心主动消灭……"

2016 年 7 月 31 日，于深圳

目 录

前 言

1930，一个开始

1993 年 6 月，费先生收到一封国际学术会议邀请函。

发信人是印度已故总理拉·甘地遗孀索尼娅·甘地，邀费先生出席第四届英迪拉·甘地国际会议。

该会议创始于 1987 年，每两年举办一届，邀集各国有代表性的思想者就同一主题深入讨论，为人类和平发展发表主张。

1987、1989、1991 年度的主题先后是"Towards New Beginnings"，"The Making of an Earth Citizen"，"The Challenges of the Twenty-first Century"。1993 年会议主题为"Redefining the Good Society"。

对这类题目，费先生会有亲切感，乃至触动心事。毕竟，都是他多年沉潜于心的话题。"二十一世纪"和"美好社会"，尤其和其心事合拍。1989年夏，他曾撰文呼吁"从小培养二十一世纪的人"。

费先生要借暑休假期写出文章，应邀与会。

一周内，在北戴河"六幢楼"一号楼，从早到晚，费先生阅读、思索、书写、讨论、修改……我做书童，左右备书、检索、誊写、听讲、记录……近距离观摩老者开卷，仁者思索，智者书写，感受大师的气场，见证"应是鸿蒙借君手"的非凡时刻。

一篇文章，调动了费先生六十多年的实地观察、学术思考和情感积累。

1930年秋，费先生弃医从文，学社会学，就是为探寻社会怎样才更好。

1993年夏，费先生说："从世界范围看，现在的社会还说不上美好。还有很多人在饥寒线上挣扎，还有冲突和战争。未来该是一种怎么样的秩序？怎样达到和实现？从我们中国的历史看，两千五百年前的春秋战国时代，就热烈讨论人与人怎么相处才好，百家争鸣。从现状看，经济发展很快，新儒家也有一些讨论成果，中国人有资格对这样的问题说话。中国人要对二十一世纪世界秩序发表看法。"

费先生的看法，实际已写进其六十多年的著述。1993年盛夏定稿的《对"美好社会"的思考》，是其六十多年探寻心得的浓缩。

二十多年后，提中国概念、发中国声音、影响国际议程成为中国履行大国责任的迫切课题。费先生当年已如是。甚至，以1938年写出《江村经济》、1948年出版《乡土中国》为标志，早已如是。费先生的学术成果，曾吸引当年国际人类学界瞩望人类学领域的中国学派。

瞩望者大概有点太过乐观，费先生晚年也感叹过自己"太超前"，乃至"清唱一生"。几千年农耕文明养成的乡土中国，欲从农耕、保守、封闭、礼治的传统形态转换到工商、进取、开放、法治的现代轨道，何其艰难？

"我们几十年时间走了西方几百年走的路"，这话说着轻巧。看看激素催肥的代价吧，百年之内能否彻底康复，都还难说，何况迄今仍在施用。

中国社会怎么能一步步好起来，费先生深入现场，终生以赴，看得明白，写得清楚，白纸黑字俱在。他为这世界留下来的数百万字，如果确定一个总题目，"乡土中国"可作首选。故，这本小书的副题若作详尽表达，应该是"费孝通先生说乡土中国的现代出路和现实途径"。

费先生的一生著述，是一笔特殊遗产。对乡土中国的观察和描述，不是隔靴搔痒，而是深入骨髓；对美好社会的探寻，不是纸上谈兵，而是躬身实践。每个期待身处好社会、过上好日子的读者，都不妨读读费先生明白晓畅的文字。

多听费先生说话，能更多读懂吾国吾民，自己的寻常日子也会更有意味。

"有这样一个人写过的东西，真可以增加我们在尘世生活的兴趣。"这是尼采说蒙田的一句话，正可借来说费先生。

张冠生

2016 年 6 月 16 日

01

抑止不住的爱好

人间生死，草木枯荣，心中哀乐，梦里甘苦，母亲的针线，清明的纸灰……都是费先生敏感、易感、思索、叙述的内容。其中萦绕着一种清晰的人道情感和人文精神。

《山水·人物》

费孝通
Shan shui ·renwu

山
水
·
人
物

1978 年，费先生在中央民族学院工作室里看见《山水·人物》稿本。那是怎样的情景？他说，"历劫犹存，相对无言"。他为书作序，抚今追昔，借该文篇名发出一声沉重叹息——"我并不想附会说这是我这一代知识分子运命的预兆：空留缀带在人间。"

江苏人民出版社
1987 年 12 月第 1 版
1987 年 12 月第 1 次印刷
印数：1—5500 册

费先生十四岁首次发表作品，是一篇短文——《秀才先生的恶作剧》。

该文写于1924年1月15日，发表于商务印书馆创办的《少年》杂志。当时，他是东吴大学附中的学生。一位亲戚热心为他订阅了该刊，启发了费先生早年的文学兴趣。

从当读者开始，逐渐希望也当作者。少年费孝通虽有投稿，却没有指望很快能发表。某期杂志送到，他即开卷，循序而读，忽见投稿已发表，大感意外。他曾回忆当时情形——

"我照例按篇章次序读下去，直到最后的'少年文艺'栏，突然惊呼起来，一时不知所措。原来我发现寄去的那篇《秀才先生的恶作剧》已用铅字印在了白纸上。这种深刻的激动，一生难忘。它成了一股强烈的诱导力，鼓励着我写作又写作。……写作就成了我抑止不住的爱好。"

"写作又写作"的过程中，费先生发表在《少年》杂志的文章篇目增多，位置也逐渐前移，直到开卷首篇。

人间生死，草木枯荣，心中哀乐，梦里甘苦，母亲的针线，清明的纸灰……都是费先生敏感、易感、思索、叙述的内容。其中萦绕着一种清晰的人道情感和人文精神。

有篇文章题为《新年的礼物》，费先生说："新年的快乐，本来不是少数人的，应该使全人类都快乐。尤其是穷人和老人，因为他们辛苦了一年，在一年的开始，应该特别地使他们快乐。"

《一根红缎带》一文，则借一只小动物的遭遇表达人间心情，大有余味。

1927年，费先生写了《圣诞节续话》一文，明确表达对社会本质、人类本性的研究志趣。文中说："我很怕在我'为人'的最后一刻时仍和现在一般的未认识人类究系何物……"

这或是费先生早期文章中最值得留意的一句话。一生志业由此开笔。

1930年，费先生离开苏州东吴，转学北平燕园。换了校园，也换了专业，他从东吴大学医预科转至燕京大学社会学系本科，全副心思集中于每一门功课的研修，以争取最好成绩。他说自己当时"成了一个书虫"，几乎读遍了恩师吴文藻书架上所有的书。

1933年，费先生完成本科学位论文，还写了多篇文章，如《人类学几大派——功能学派之地位》、《中国文化内部变异的研究举例》、《社会学家派克（即帕克）论中国》、《社会变迁研究中的都市和乡村》、《社会研究的程序》等等。

吴文藻对这个学生寄托厚望，先后把他送到俄国人类学家史禄国（Shirokogorov）和英国人类学家马林诺夫斯基（Malinowski）门下。费先生得名师接力，持续点化，终以博士论文《江村经济》赢得学术名望，享誉国际人类学界。

1948年春，费先生的"昆明时期"告一段落。一个时代也将落幕。

费先生似有感知，清理旧文，把旅行游记、怀人杂写拢到一起，合编成册。誊清后，订成稿本，题作《山水·人物》，寄给好友储安平。

若能顺利出版，算是大时代里一介书生的一笔记录、一个小结。敏感的费先生似已意识到，须准备进入一个不同的时代。

其时，储安平在上海主持《观察》杂志，销路好，有盈利，遂以利润出版学术著作，有"观察丛书"，广受读者欢迎。费先生的《乡土中国》《乡土重建》等著述在"观察丛书"出版后，均有上佳销路。

《观察》系时政类刊物，是当年国统区知识分子和民众了解国内国际局势的通透窗口。因其名家啸聚，文章好看，一纸风行，反而惹得当局钳制。储安平本人也被监视，乃至在上海无法安身。

眼见杂志备受打压，出版已无条件，储安平带着《山水·人物》稿本离沪赴京，找到清华园胜因院的费先生，奉还书稿，暂时避居费宅。

历史延伸，运动频繁，板荡不已。这稿本压在费先生书架底下，一睡近四十年。其间，改造、院系调整、"三反"、"五反"、批胡风、批胡适、批俞平伯、"反右"、"四清"、"社教"、"文革"……因系沉睡，毫发未伤。即便"文革"初期费先生家中群书、文稿被洗劫一空，《山水·人物》却在其中央民族学院工作室里躲过风暴。

1972年春，费先生从湖北沙洋民院干校回京。多年睽违，工作室内还是原样。稿本还在书架沉睡，费先生却因忙于译事，平时只用字典和百科全书，顾不得、似乎也淡漠了当年少作。

1978年，费先生奉调中国社科院，须搬离中央民族学院工作室。他把室内书籍、文件搬回家中，清理之间，在一堆书稿里看见《山水·人物》稿本。

那是怎样的情景？费先生说，"历劫犹存，相对无言"。

1986年，费先生的《江村经济》汉译本初版。翌年，为该书发布会，江苏人民出版社派员到京，拜访费先生，表示乐意继续出版其著述。

费先生想起"默然渡过劫难"的《山水·人物》，想起不知其踪的老友储安平。他"第一次从头到尾自己阅读了一遍。其间已相隔近四十年了。心头自会另有一番滋味"。

近四十年间，费先生的写作环境发生了巨大变化。他曾以《我这一年》记录和表明自己愿意适应变化的诚意与实践，似仍有不能适应的地方，这才"另有一番滋味"。这番滋味，来自他在外界巨变中力图持续内心的"写作又写作"。

其间，费先生参与过民族识别等项工作。在一定程度上，这是他倾心的田野调查和社区研究事务，可以寄托学术兴趣，延续写作爱好。他也确实写有《兄弟民族在贵州》和《话说呼伦贝尔》两本游记，后因"反右"运动而入冷宫。

费先生想起冷宫中的稿本，希望能解冻、面世。

1987 年 12 月，《山水·人物》由江苏人民出版社出版。书中有费先生早年编妥的文章，有解冻的两本游记，又增加了其早年文章十多篇，名"少作附篇"。其中便有前述《一根红缎带》。

费先生为书作序，抚今追昔，借该文篇名发出一声沉重叹息——"我并不想附会说这是我这一代知识分子运命的预兆：空留缎带在人间。"

这种话，费先生很少说出。

谢泳兄专门研究过《观察》杂志及作者群体，也研究过西南联大教授群体，自然会留意费先生，并有心得。他觉得，只看公众场合里的费先生，并不足以真正了解这位老先生。私下里的费先生同样值得注意。把两个场合里的费先生合起来看，会更接近他的真实。

曾把谢泳兄的相关文章复印给费先生看。费先生看过，希望找机会和谢泳当面聊聊。虽未能如愿，还是表达了"我看人看我"的自觉意识，也表达了对更愿意懂得自己的后辈的善意。

费先生说过，很多人看不出来，他的文章是龚自珍的路子，曲笔，不直说，留有余味。他相信谢泳先生看出来了这一点。

说及此，有兴味的读者，不妨把《山水·人物》当作切近私下费先生的一个门径。费先生或也希望如此，他在该书"题记"中难得挑明、不留余味地说："这里所收的文章，比起其他我所写的，更亲昵些，因为这些多少是私人感情的记录……"

费先生写下这段话，是在 1948 年 4 月。一年多后，他开始写《我这一年》，那是很不同的文字。同《山水·人物》比，明显是两种内容，两种文风。

在文章内容和风格转换之前，费先生留下"私人感情的记录"，留下一段历史的真实，也留下自己的诚实。

他似有预感，此后的历史变动中，"私人情感"的社会评价标准会有变化。郭沫若发表于 1948 年 3 月的《斥反动文艺》已足堪为训。

费先生留话说，《山水·人物》"是一个抗战后期在后方教书的人的作品，多少表达了一些当时这类人的感情。这种感情中有些是值得批评的，因为很可能是不健全的，但是我相信是诚实的，因之也值得作为将来有人想研究那一个时期这一类人的心理材料"。

面对臧否，费先生更重诚实；面对当时，费先生更重历史。《山水·人物》"题记"中，还有一句话，意味深长——"局面变得真快，很可能作者已代表了一个抛在时代后面的人物。"

这是要为新政权建立后留点容身余地吗？

可否理解为"空留缎带在人间"的另一表达？

遗憾，很晚才注意这句话，已没有机会向费先生当面请益。

02
————

青春作伴

话音犹在，已是阴阳两隔。费先生深知王同惠的心志和寄托。

一场变故，他要面对怎样惨痛的现实？无从面对，故致殉节。

殉节不果，痛上添痛。

《花篮瑶社会组织》

本来，任何事业不能不以勇敢者的生命来作基础的，传说烧一座磁窑，也得抛一个小孩在里面。我妻的死，在我私人的立场之外来看，并不能作为一件太悲惨的事。人孰无死，尼采所谓，只怕死不以其时。同惠可以无愧此一生，我只是羡慕她。

江苏人民出版社

1988 年 11 月第 1 版

1988 年 11 月第 1 次印刷

印数：1—1200 册

《花篮瑶社会组织》是费先生第一本著作，和王同惠共同署名。该书之成，有血与命的代价。

1930年，费先生求学路上出现转折。此前，他的志向是做医生，救死扶伤，悬壶济世，为此在东吴大学读医预科。

一次学生运动中，他上街游行，参与学潮，开罪于当局，被责令转学，离开东吴。目睹社会弊端，费先生觉得，社会之病重于个人之病。由苏州转学北平过程中，他放弃了协和医学院，入燕京大学社会学系。

该系吴文藻教授看中费先生是棵好苗子，悉心栽培。待其本科毕业，引他至清华园，攻读人类学。导师是俄国学者史禄国。

史禄国为费先生制订了三期、六年培养计划（初期两年体质人类学；中期两年语言学；后期两年社会人类学）。未料刚满两年，清华改了章程，俄国亦有疑似克格勃来探，史禄国无奈离开清华，且不再回。

1935年秋，费先生以上佳成绩取得公费留学资格。一旦出国，国际同行自然会知其导师是谁。史禄国恐费先生仅以两年学力难撑门面，便要求他出国前做一年实地调查，添点本钱再出国。这是瑶山调查的前缘。

费先生在清华园读体质人类学时，女朋友王同惠在燕园读社会学。他们一起翻译《甘肃土人的婚姻》一书。作者系比利时圣母圣心会的一位神父，于1909年奉派到甘肃传教，经长期实地调查和史料研究，写出该书。

翻译过程中，王同惠曾自问："为什么我们中国人不能自己写这样的书？"

其时，费先生也已然立志"做个发展中国人文学科的探路人"。

经吴文藻联络争取，费先生得到瑶山调查机会。王同惠为和费先生同往，办了休学手续；为途中工作方便，亦因爱情水到渠成，他们举行了婚礼。

蜜月在费先生家乡度过。他们在太湖鼋头渚完成《甘肃土人的婚姻》的译稿后，别太湖，往上海，转香港，过广东，入广西。其时，广西省政府设有"特种民族研究"课题。费先生向省政府提交了自己的研究计划书。

该计划书全称为《广西省人种及特种民族社会组织及其他文化特性研究计划》。费先生说："人种研究之目的，除以正确数量规定人种体形类别外，尚可藉以明了中国民族扩张、迁移之大势，及各族分布交融同化之概况。"

这是费先生晚年提出"中华民族多元一体格局"学说的早期苗头。

进瑶山搞调查，真是一种特殊经历。

王同惠记述说："我们上道坐了轿，在全巷注目中出了县城。"当天傍晚，他们到达百丈村。那里离瑶区还有二十多里路；轿子一进村，就被成群的孩子们围住。他们跟着轿子跑，兴奋地嚷嚷着，引来了更多人们。待轿子停到乡公所门前，像是全村老少都出来了，密密围住轿子，好奇于远方来客。

乡公所同时也是学校。他们一进院，几十个小学生就跟了进去，满院满屋都是人。一天山路劳顿，费先生和王同惠走进特地为他们准备的房间，刚想躺下休息，无意中抬头，只见窗棂外、梁头上都是乌黑闪亮、好奇静默的眼睛，友好地看着远来的客人，把他们围进了一场从未经历过的欢迎仪式。

百丈村是进入瑶区的一个流通中心，又逢圩，人自然较为集中。费先生和王同惠的瑶山调查从该村正式开始，再往里边走，进山后，人烟稀少，路也难走，往往跋山涉水一整天，连走带滑，连摔带爬，才走到下一个村寨。

费先生说："山势斜度极大，于是不得不舍轿步行了。……我们低着头，只知道一步一级地爬，好像是走着一个没有尽头的路程。……忽而援峭壁，忽而过独木……其实全因为这险恶的山岭，我们在今日尚能在这地方见到瑶人的村落。……没有这天险，哪里还有瑶区呢？"

面对天险，费先生和王同惠想的不是自己艰辛，而是瑶民不易。

从进入瑶区起，日复一日，白天里，费先生作人体测量，王同惠调查社会生活，晚上，他们汇集、讨论当天搜集的资料，确定第二天的调查内容。

除去直接调查，他们还同瑶民一起聊天、做活，为瑶民看病、治病。他们对瑶民风俗习惯的自觉尊重，对瑶族同胞的同情和关切，在调查工作中的敬业精神，受到瑶民的信任、喜爱。从当年留下的照片上，可以看到水乳交融般的情感。

费先生和王同惠日餐淡饭，夜宿土屋，艰辛、快乐地推进调查日程，同时不断向《北平晨报》发回《桂行通讯》。生动、鲜活的田野调查文字，带着瑶山的清新气息，报告他们的新发现、新感受。

吴文藻是费先生和王同惠共同的老师，他记述阅读《桂行通讯》的心情说："字里行间充满了快乐、勇敢、新颖、惊奇的印象，读完了总使我兴奋。社会人类学在中国还是一门正在萌芽的学问，一向没有引起国内学者的注意。我自己数年来在悄悄地埋头研究，常有独学无友、孤陋寡闻之感。这一对能说能做的小夫妻，真鼓起了我不少的勇气。"

1935 年 12 月 16 日，费先生和王同惠完成了对坳瑶的实地调查，开始向茶山瑶聚居的村寨转移。当天一次不幸变故，中断了这次调查。

由于向导失引，费先生和王同惠在地名为"潭清"的岔路口走错了路，误入一片竹林。他们摸索着走到斗篷岭，"见一似门设备，便以为到了近村。费孝通便探身察看，不料那是古陈村瑶人盘公平捉野兽设下的虎阱，机关一动，木石齐下，把费孝通压住。在危急的惊乱之中，王同惠奋不顾身把石块木头逐一移开，但费孝通局部受伤不能起立，她将丈夫移到安全地带后，奔出林中呼援"。

这一去，王同惠没能回来。瑶族同胞动员了两个村寨中十六岁以上的全部男性青壮年，漫山遍野找到第七天，终于在一处山涧急流中发现她的遗体。

费先生闻知噩耗，决意殉节。他说："我曾打定主意把我们两人一同埋葬在瑶山里，但是不知老天存什么心，屡次把我从死中拖出来，一直到现在，正似一个自己打不醒的噩梦！""我以为她会永远帮助我的，谁知道天会把我们拆散！"

出事的头天晚上，费先生和王同惠烤火夜话。王同惠曾说："孝通，什么时候我们那部《中国社会组织的各种型式》能够出版呢？那时，我们相对抽一会儿烟是多么有意思。"

话音犹在，已是阴阳两隔。费先生深知王同惠的心志和寄托，更知恩师吴文藻对王同惠的期许一点都不比自己稍低，尤其深入体验了瑶山调查途中王同惠的实力和潜质。入山未久，她已可以用简单的当地语言和瑶民沟通、交流，此为费先生望尘莫及。调查若能正常推进，该是怎样乐观的前景？一场变故，费先生又要面对怎样惨痛的现实？无从面对，故致殉节。殉节不果，痛上添痛。

费先生既殉节不得，无奈中改变了想法——"我愿意用我一人的体力来做二人的工作。我要用二十年把同惠所梦想、所计划的《中国社会组织的各种型式》实现在这个世界上。"

随着伤情好转，费先生开始整理瑶山调查资料，撰写《花篮瑶社会组织》一书。他设想,这是《中国社会组织的各种型式》的第一部。

在广州的医院病房中,费先生写出了前三章。从广州到上海的客船上,在沪上亲戚的客房里,他写出了后续的第四和第五章。直到从上海回到北平,费先生终于完成了这个对他具有终生意义的"第一部"。

在《花篮瑶社会组织》编后记中,费先生回顾一己殇恸,表达远大寄托。

"本来,任何事业不能不以勇敢者的生命来作基础的,传说烧一座磁窑,也得抛一个小孩在里面。我妻的死,在我私人的立场之外来看,并不能作为一件太悲惨的事。人孰无死,尼采所谓,只怕死不以其时。同惠可以无愧此一生,我只是羡慕她。"

"我在此也得附带声明,瑶山并不都是陷阱,更不是一个可怕的地狱。瑶山是充满着友爱的桃源!我们的不幸,是我们自己的失误,所以希望我们这次不幸并不成为他人'前车之鉴',使大家裹足不前。我们只希望同情于我们的朋友能不住地在这道路上走,使中国文化能得到一个正确的路径。"

"使中国文化能得到一个正确的路径"——费先生当年对中国文化的现实状况发生了疑问,担心社会发展路径出问题。

七八十年之后学界讨论的"路径依赖"话题,费先生最迟是从1935年开始讨论的。他自觉中国社会已进入改造过程,

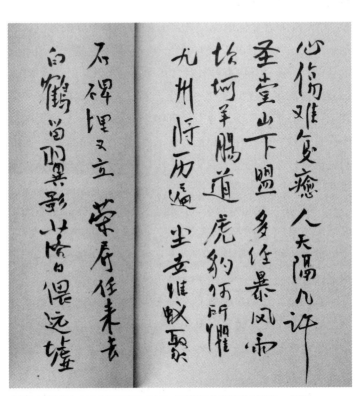

心伤难复瘉 人天隔几许
圣堂山下盟 多经暴风雨
始知羊肠道 虎豹何所惧
九州将历遍 尘劳堆蚁聚
不碑埋又立 荣辱任未去
白鹤当双翼 影随日偃远墟

费孝通为新婚妻子王同惠殉职所写悼亡言志诗。该照摄于《花篮瑶社会组织》一书环衬。

自觉一个社会学者对社会改造应担负的责任，在《桂行通讯》最后一篇，费先生说——

"我们认为文化组织中各部分间，具有微妙的搭配，在这搭配中的各部分并没有自身价值，只有在这搭配里才有它的功能。……现在所有种种社会运动，老实说，是在拆搭配。旧有的搭配因处境的变迁固然要拆解重搭，但是拆的目的是在重搭，拆了要配得拢才对。拆时，自然该看一看所拆的件头在整个机构中有什么功能，拆了有什么可以配，新件头配得进配不进。大轮船的确快，在水潭上搁了浅，却比什么都难动。"

"使中国文化能得到一个正确的路径"——对理解费先生的学术实践、文化思想和人生追求，这句话具有终极意义。

既是为学者的主观愿望，也是学术工作可能具有的客观价值。

在一生文章的破题之初，费先生已把这一点表达得十分清楚。他和王同惠付出鲜血和生命代价要寻求的，他把两次学术生命叠加起来去研究的，归根结底，就是中国文化发展的正确路径。

瑶山里，一笔一画地为瑶民绘制速写，一点一滴地积累人体数据，一事一物地询问石牌制度，一家一户地了解婚丧嫁娶……看似琐细，却在接通心底那个叫"文化出路"的大题目。

在其"第一部"，费先生把这个意思表达得如此明白，但在其学术生命的延续中，这个意思像是就此埋下伏笔，一埋数十年。直到 1990 年代，费先生在国内外同行面前郑重提出"文化自觉"的命题，并将自己大半生的学术实践及体会灌注其中，再三再四予以阐述，才显示出一条纵贯学界六十余年的思想连线。费先生早年调查提出的文化路径和晚年提出的文化自觉一脉相承。

君子之道，一以贯之。

吴师三引

如今很难想象，当时的整个中国人类学界，只有一位老师，一个学生。是吴文藻促成了这对师生的缘分，引领费先生得入名师门下。

《师承·补课·治学》

费孝通

师承
·
补课
·
治学

　　吴文藻先生心里有着一个培养徒弟的全盘计划，分别利用各种不同的机会，把他们送到英美各个人类学的主要据点去学习，谁到哪个大学，跟谁去学，心里有个谱，后来也是逐步实现了的。

三联出版社

2001 年 10 月第 1 版

2001 年 10 月第 1 次印刷

印数：1—2000 册

吴文藻是对费先生产生终身影响的一位业师。

本科、硕士、博士三个阶段，吴文藻引导着费先生，走上前后相续的三个台阶。费先生循序渐进，一步步完成了严格、充分、充溢人文内涵的学术训练，积累下足够本钱，厚积而薄发，以其博士论文一鸣惊人，未满三十岁，已稳稳站在国际人类学前沿。

费先生修社会学、人类学专业的三段时光，分别对应于燕京时期（本）、清华时期（硕）和英国LSE（伦敦政治经济学院）时期（博）。

本科之前，费先生在东吴大学读医预科，想当医生。这个动机中，隐含着对政治的回避。费先生很少说起这话题，曾在《山水·人物》序文中写过几句，原文如下——"我在中学毕业的那一年正是1938年。1937年白色恐怖笼罩江南。……就在这一年，失踪的失踪，被捕的被捕，死亡的死亡。"

这里的"1938"和"1937"，明显是错了（这两年，费先生在伦敦读博），应该是1928年和1927年。费先生记错的可能性不大，估计是排印、校对的问题。

了解这两年里费先生的经历和想法，对理解他一生与政治的关系很要紧，也能在一定程度上解释吴文藻何以对他产生那么大的影响。

真有家国情怀，是回避不了的。预科未完，费先生"对国家的关心又复活了"。他从实际生活中看出，人们的病痛来自身体，更来自社会，从此决心改学社会科学，为社会诊病治病。

1930 年，费先生进入燕京大学社会学系。其时，吴文藻教授正倡导"社会学中国化"，包括开始用汉语讲授"西洋社会思想史"。

西土传来社会学，是二十世纪初。1922 年，燕大始设社会学系。课堂上，教材是外国书，授课是外国话。外教如此，中国教师也如此。理论是外国的，引证材料也多自外文。风气所及，学生说话亦受影响。

当时的北大、清华、燕京三校学生见面，无须介绍，一张口就知是否燕大的人。燕园的学生，三句话离不开几个英语词。

费先生从中学起就在教会学校读书，对外语授课场面太熟悉。他初次听"西洋社会思想史"课，吴文藻讲的是中国普通话。这是教会学校里闻所未闻的事情。

中国大学的社会学讲坛，从此风气一新。这一课，对费先生触动很深。

吴文藻是费先生的江苏同乡，江阴人，长他九岁。1929年夏，吴文藻获美国哥伦比亚大学博士学位，得该校"最近十年最优秀外国留学生奖"。

翌年，他在美国人办在中国的燕京大学用中文讲社会学，前无古人。大体同时，吴文藻提出"社会学中国化"，把学术改革推向纵深。

业师开风气，费先生说自己听到了"学术号角"。

他自幼陶冶于父母为国家进步改革教育、改造社会风俗的言传身教，亦受父命熟诵苏东坡、范仲淹等名家诗文，其中的"经世致用"思想无形潜入。吴文藻其人其事，他颇感亲切。

燕大四年，吴文藻家成了费先生的专业书馆，架上之书几乎读遍。费先生曾说，其社会学基本知识的基础，主要得益于这几年的阅读。

社会学欲中国化，须把中国社会的事实充实于社会学内容。为此，1930年代初，学界讨论两种办法，一是用中国已有资料填入西方社会和人文科学理论框架，二是用当时通行于英美的"社会调查"方法描述中国社会。

吴文藻认为，无论是利用既有中国史料填充西方理论，还是借西方式样的问卷搜罗中国社会资料，都不能充分反映中国社会实际。

这时，燕京大学请来了美国芝加哥大学社会学系的帕克（Robert E. Park）教授到校讲学。他向师生们介绍了研究者深入现实生活进行实地调查的方法。吴文藻敏锐意识到，帕克讲的方法会对"社会学中国化"大有助益。他又进一步得知，这种方法来自社会人类学，美国一批学者已用"田野调查"方法开创了美国社会学界的芝加哥学派。他决意引导学生往这个方向用功。

帕克讲学，推动了燕园学生下乡做"田野作业"。吴文藻"社会学中国化"的主张找到了支点，帕克建立芝加哥社会学派的经验可作借鉴样本。他有意借助实地调查的社区研究方法，培育人才，为兴建中国社会学奠基。

在吴文藻引导、鼓励下，读本科时期，费先生不仅参加一般意义上的田野调查，还参与过梁漱溟先生主持的乡村建设试验，后者尤具纵深思想内涵。

更为重要的是，参与乡村建设是把社会学知识应用到中国农村社会改造中的具体实践。这是费先生做了一生的事情，开端于其读本科时期。

一般而言，费先生的社区研究是从《花篮瑶社会组织》开始，更准确地说，早在燕京求学时，吴文藻已经把他引到这条路上，并已确定要把他送到英国名师马林诺夫斯基门下。

1933年，费先生毕业之年，他陆续发表多篇论文、译文、书评，是吴文藻"学术号角"的音符。吴文藻在学生中处心积虑地物色学人类学的适当人选，费先生是其最为属意的几人之一。

当时的中国大学，能提供人类学训练的，只有清华园的社会学及人类学系。吴文藻说服清华校方，在当年招收人类学研究生，为费先生入校读研创造了前提条件。后经考试，费先生如愿过关。吴文藻特地带他往史禄国府上拜见，又经口试，终得登堂入室。

在吴文藻的培养计划里，这是费先生去英国读书的中间过渡阶段。

如今很难想象，当时的整个中国人类学界，只有一位老师，一个学生。是吴文藻促成了这对师生的缘分，引领费先生得入名师门下。

这对师生的教学轶事，本书"外教三师"一节有所述说，此不赘述。

1935 年，费先生完成硕士学业。其毕业考试委员会成员阵容强大，陶孟和、吴文藻、吴景超、冯友兰、赵人隽、陈达、潘光旦、史禄国，皆一时之选，多大师级学者。

费先生成绩为"上＋"，可以到英国公费读书了。

依史禄国安排，费先生须在国内做一年实地调查，然后赴欧洲进修文化人类学。正巧，其时广西设立"研究特种民族（苗、瑶、侗、壮等）"课题，需要专业力量。

吴文藻又一次出手，他向广西当局推荐费先生参与该课题研究工作，得首脑人物李宗仁认可，于是有了瑶山调查，又因瑶山调查而有了江村调查。

江村调查不在吴文藻培养费先生计划之内，却是瑶山调查的自然延伸。"无心插柳"的结果，长出一棵国际人类学界的大树，木秀于林。

"在英国要跟从一个老师学习并不是那么容易。"——这是费先生的原话。为了把他送到马林诺夫斯基门下，吴文藻从中国跑到美国，从美国跑到英国，不妨说是一路追着马林诺夫斯基，成功地激发出这位英国名师培养中国学生的热忱。

1936年秋，费先生经水路到达英国，他进伦敦政治经济学院人类学系履行注册手续时，该系主任马林诺夫斯基正在美国参加哈佛大学三百周年校庆。吴文藻代表燕京大学出席同一庆典，也在现场。他与马林诺夫斯基晤谈，专题介绍中国社会学"社区研究计划"，包括费先生的课题，说起瑶山和江村调查。吴文藻的话，碰对了马林诺夫斯基的东方情结。

这位英国教授祖籍波兰，常自称东方人，亦喜爱东方文化。他认为，研究人类文化，不能缺了中国。其弟子遍布各大洲而独缺中国学生，马林诺夫斯基深以为憾。此时，吴文藻带来的消息使他感到巨大喜悦。

马林诺夫斯基的快乐是双重的。其一，终于有机会培养来自中国的学生。其二，这个学生已在用他主张的观点和方法研究中国社会。费先生说，"马氏初遇吴师即引为莫逆"，"兴奋之情，不能自已"，当即召集自己的学生举行座谈，请吴文藻讲解中国社会学者的最新研究动态，讨论研究中国文化的方法，并将费先生抢到自己门下，从居住环境、社会交往、学术熏陶、论文撰写到学位授予、著述出版等，全程爱护，悉心栽培，严加训练，大力奖掖。吴师十年心血，终成正果。

吴文藻的学生何等福分？费先生说，吴师为学生成才，对其选什么方向、适宜到哪所学校、送到哪位名师门下，都有通盘考虑和具体安排。

除去专业背景、知识结构、研究能力、学术趋势等，连师徒各自的性格因素都在考虑之内。费先生在《留英记》中说过，他被送到马林诺夫斯基门下，"理由之一据说我这个人的性格和这位老师有点相像"。

用心培养学生，能把心用到这个地步，这样的老师如今不大见得到了。

在吴文藻"后来逐步实现"的计划中，李安宅先到加州大学伯克利学院人类学系，后往耶鲁大学人类学系；林耀华就读哈佛大学人类学系；黄迪入芝加哥大学；瞿同祖跟随魏福特求学……

论著述影响，吴文藻或有不及学生处。论培养人才，吴门栋梁林立，学生无人比肩。

外教三师

「本书的内容包含着一个公民对自己的人民进行观察的结果。……是一个实地调查工作者的最珍贵的成就。……此书的某些段落确实可以被看作是应用社会学和人类学的先章。」

Peasant Life in China

我写论文时，写完了一章就到他床前去念，马林诺夫斯基用白布把双眼蒙起，躺在床上。有时我想他睡着了，但还是不敢停。他有时突然从床上跳了起来，说我哪一段写得不够，哪一段说得不对头，直把我吓得不知所措。

London:G Routledge and sons, ltd,1939.

一

帕克是费先生的第一个外国老师。

1932年暑期，帕克应邀到燕京大学讲学。从9月初到12月中旬，他在燕大社会学系讲了"集合行为"和"研究指导"两门课程。

那年，帕克六十八岁。他是知名教授，带着自己的研究题目来中国，又是客座身份，按说，自身学识足够，讲学应是驾轻就熟，顺手拈来。

帕克却像刚刚入职。他常跑图书馆，站在书架前，翻阅图书资料，准备教材，往往半天不落座。

平时上课，帕克非常守时。一天，有其头堂课，严冬大雪中，他迟到了十几分钟，进门就道歉，"像是欠下无法偿还的债"。

一次，学生随帕克参观中国法庭现场。他看到法官们懒洋洋的做派，回身对学生说："要是光阴值钱的话，中国是世界上的首富了。"

费先生对帕克开堂第一句话印象极深。"我不是来教你们怎么读书的，是来教你们怎么写书的。"

帕克对燕大学生的最大影响，是带他们跳出未名湖畔小圈子，进入真实、生动、丰富的社会实际生活。他启发学生研究活生生的实际生活。

跟随帕克，学生们往永定门，去天桥，在地摊、戏棚、店铺及流浪艺人、贩夫走卒、地痞流氓辐辏一地的市井社会，现场观察实际生活；也曾到过监狱，看高墙内的囚犯生活。

费先生在监狱第一次给犯人测量体质，看到有人浑身上下一个个黑点，得知那是扎针吸毒疤痕，感到触目惊心。

面对帕克为他们打开的世界，费先生领悟，不是每个人都像自己一样生活。过去寄身的生活圈子太小，实际社会生活开阔得多。

帕克的开风气之举，在燕大社会学系激起一股帕克热。费先生当年一段文字，或能代表众人感受——

"他所给予学生的印象决不单是一个诲人不倦的教授，亦不单是一个学识渊博的社会学家。……他所给予人们的不是普通的知识而是生命，一种能用以行动的知识。他生平尚没有任何惊人的巨著行世，就是那本用以授课 *Introduction to the Science of Sociology*，还是多以参考资料汇集而成，大半又假手于他的同事 Burgess。他所以能享受着芝加哥社会学派正宗的尊荣，实是因为他有一种魔力，能把他的学生从书本上解放出来，领到一个活的世界中去领悟人类生活的真相。这是他在社会学界树下的百年基石的工作。"

费先生意识到帕克的特出成就，遂留意其学术思想的师承渊源。

帕克在哈佛大学期间，适逢约翰·杜威（John Dewey）、乔治·桑塔亚那（George Santayana）和威廉·詹姆斯（William James）几位大师同时开帐讲学。帕克躬逢盛事，如沐甘霖，转益多师，兼收并蓄，从威廉·詹姆斯那里得到的精神营养尤多。

威廉·詹姆斯的思想传播过程中，一方面被认为太难捉摸，不能成为一个学派的教义，另一方面又确曾在英语国家中广泛流传，成为主流思想。"这种哲学的作用与其说是建立了供他人模仿的标准的旧体系，不如说是向他人灌输了新的思想。"

帕克更喜爱威廉·詹姆斯学说的原因，应该在这里。在华讲学期间，他曾对班上同学说："所谓科学，并不是什么了不得的东西，只是能讲得出来，讲了人家懂得，可以试试的一种个人经验罢了。"

这话，费先生入耳入心。他没有辜负帕克点拨，此后几十年里，他写出的大量文章，都有"能讲得出来，讲了人家懂得"的特点，众多读者衷心喜爱。

1991年，费先生为《行行重行行》写前言，从中可见帕克主张的深刻影响："我所看到的是人人可以看到的事，我所体会到的道理是普通人都能明白的家常见识。我所写的文章也是平铺直叙，没有什么难懂的名词和句子。而且，又习惯于想到什么就写什么，下笔很快，不多修饰……至多不过起些破题和开路的作用罢了。"

帕克的主张，来自他在威廉·詹姆斯那里呼吸到的自由空气。他懂得这种空气对于学术的重要，把这空气从西方带到东方，从美国带到中国，从芝加哥大学带到燕京大学，从自己的课堂带到吴文藻的课堂，为正在寻找出路的学生启发了思路，为"社会学中国化"启发了现实方法和具体途径。

二

史禄国是个杰出的俄国学者，二十六岁当选帝国科学院院士，三次参加国家直接资助的人类学实地考察队。

俄国十月革命时，史禄国正在西伯利亚和中国东北研究通古斯人。他不愿回到革命后的俄国，留在中国，进了中央研究院，后来转到清华大学任教。他除了每周到教室讲一两堂课之外，整日闭门写作。傍晚出门，与夫人携手散步，绕清华园一周即返。每天如此，极少与人交往。

费先生说："人类学在中国当时还少为人知，我投入他的门下，成了他所指导的唯一的研究生。"

《清华大学史料汇编》第二卷下册595页有如下记载："社会学部于1933年度成立，录取研究生费孝通一名，在校研究两年，于1935年研究期满。该部于1935年暂停招生。"

"暂停招生"显然与当时唯一能指导人类学训练的史禄国在当年离开清华大学有关。

表面孤僻冷漠的史禄国，对学生有高度负责的热忱。他为费先生制订了六年训练计划。体质人类学、语言学、社会人类学各两年。

在教材 *History of Humanbody* 中，费先生要去熟悉其中对从单细胞生物发展到人类的过程中各类动物进行的典型解剖，理解生物演化。熟习有关理论的同时，还需花很多时间解剖多种大小动物。然后学习测量人体，接受进一步训练。

训练固然严格，史禄国却从不把着手教，他是要培养学生自己动手解决问题的本领。费先生在《人不知而不愠》一文谈到当时情况：“他从来不扶着我走，而只提出目标和创造条件让我自己去闯，在错路上拉我一把。他在体质人类学这一课程上从没有做过一次有系统的讲解。”

史禄国专门为此借了一间实验室，钥匙有两把，老师一把，学生一把，以利费先生独自工作。

师生俩在工作室里见面不多。那两年，史禄国的主要工作是编写、刊印其巨著《通古斯人的心态》。每天的多数时间是在他自己书斋里。只是因每天傍晚总要和夫人一起散步，经过生物馆时，即可进入工作室，考察费先生的作业。此时，费先生大多已回宿舍。

费先生说：“他正好可以独自查阅我堆在桌上的统计纸，看到错误时就留下‘重做’的批语。我一看到这字条，就明白一个星期的劳动又得重来了。”

随着时间的延伸，费先生发现，这位俄国老师孤僻、抑郁的外表下，是多才多艺、丰富浩瀚的精神世界。史禄国学养深厚，善于绘画。在其《北方通古斯的社会组织》一书中，有两幅自己绘制的彩色插图。

史禄国夫人善弹钢琴。费先生在史禄国书房里同他谈话时，常能听到隔室琴声。偶尔，史禄国会停住话头，侧耳倾听流泻的旋律，流露出一种难得一见的神采。

1935年，费先生结束了史禄国为他安排的首期训练计划。

依清华惯例，教授工作五年后有休假出国一年的权利。当年正逢史禄国休假期，也许其处境又有变化，他决定这次欧洲休假后不再回清华任教，因此为费先生做出了新的安排——1935年暑假后，到国内少数民族地区进行一年调查，翌年由清华公费出国留学，直接到欧洲去进修文化人类学。

费先生的两位外国业师中，马林诺夫斯基予其荣誉极大，史禄国予其影响极深。费先生晚年文章说，两位老师的东西，他都没能学到家。

三

费先生出生当年，马林诺夫斯基进英国 LSE 就读。费先生开始读小学之年，马林诺夫斯基获得该院博士学位。费先生进该院其门下读书时，马林诺夫斯基已是人类学界功能学派大师级人物。

马林诺夫斯基原籍波兰，出身于知识分子家庭。父亲是大学教授，母亲是语言学家。马林诺夫斯基读取大学博士学位后，偶然读到人类学经典著述《金枝》（*The Golden Bough*），受到强烈吸引，开始热切钻研，为此留学德、英，在 LSE 又获博士学位，留校任教，从事人类学研究。

"一战"前夕，马林诺夫斯基正在太平洋一个英属岛上做调查。战争起，波兰与英国敌对，他不能离开该岛。无奈中，学当地语言，融入土著生活，观察岛民举止、风俗，留下记录。

活动受限，不能远游，成全了马林诺夫斯基长期在一个小部落作研究的机遇。

"一战"结束，马林诺夫斯基回到英国，以大量一手资料著述、出版《西太平洋上的航海者》(*Argonauts of the Western Pacific*)，轰动人类学界，一举成名。

费先生说，英国人对外籍学者偏见很深，马林诺夫斯基一跃而为教授，享盛誉，入英籍，在英国学界很少有。英国各大学设立社会人类学教授讲座，也是从马林诺夫斯基开始。他在 LSE 培养的门生，多成为各大学人类学系的台柱，且受英国殖民部和美国洛氏基金会直接支持，每年掌握大笔调查经费，调度大批调查工作者，到非洲各地进行研究。

不到十年，功能学派的声势压倒了人类学里其他派别。

此后，"从功能主义的角度提问题，成为二十世纪人类学学术常识的一部分"。

塞翁失马，焉知非福？塞翁得马，焉知非祸？

马林诺夫斯基的成就，感召众多学者走出书斋，躬身田野，为人类学注入生机，推动着这门学科的进展，收获一项项成果。

斗转星移。不到十年，当初富于开创性和发现意义的田野调查，逐渐演变为日益娴熟的职业化操作；当初研究成果中由发现带来的惊喜和思考，逐渐变为程式化调查和程序化描述时的漫不经心。马林诺夫斯基表达不满说：

"我们中间绝大多数向前看的人类学者，对我们自己的工作感到不耐烦，我们厌烦它的好古、猎奇和不切实际。"

此时，费先生出现在马林诺夫斯基面前，带着自己的瑶山调查和江村调查资料。他从这个中国学生身上看到了摆脱"厌烦"的现实途径，何等欣喜！

两年留学生涯，费先生的主要学习方式是参加马林诺夫斯基每周五下午主持的 seminar（研讨会），名称是"Anthropology Today"（今天的人类学）。

Seminar 进行过程中，马林诺夫斯基不多话。主讲人宣读准备的文章，或是调查报告，或者是对某个问题的系统意见。马林诺夫斯基借其所讲内容提出问题，把握方向，推动讨论。他不喜欢讲空洞理论，要求每人都围绕调查到的事实说话，不空谈，自己当然也不例外。听到高兴处，他会即兴插上一席话。这样的插话就是学生希望、珍视的"指导"了。

马林诺夫斯基对费先生的培养，不光是在 seminar，其他地方也多有用心之处。他介绍费先生住进伦敦下栖道一位朋友家，以利其接受中上层社会气息的熏陶。还把这位中国学生请进自家，耳提面命。

费先生也喜欢到导师家去，那里有他倾心的学术气氛，有导师著书立说的工作现场，有"老头"的谈笑风生和大发雷霆，有师徒之间慢慢滋生出来的叔侄般亲情……

一段文字，生动记录了马林诺夫斯基指导费先生博士论文的场景——

"我写论文时，写完了一章就到他床前去念，他用白布把双眼蒙起，躺在床上，我在旁边念，有时我想他睡着了，但是还是不敢停。他有时突然从床上跳了起来，说我哪一段写得不够，哪一段说得不对头，直把我吓得不知所措。总的说来他不是一个暴躁的人，最善诙谐，谈笑风生。他用的字，据说比一般英国人还俏皮和尖刻。他最恼我的是文字写不好。他骂我懒汉。其实我已尽我所能了，但总是不能使他满意。他实在拿我没办法，又似乎一定要保我过关，只好叮嘱一位讲师，替我把论文在文字上加了一次工。"

费先生的博士论文通过当晚，马林诺夫斯基留他在家中吃饭，并把刚获通过的博士论文推荐给伦敦劳特里奇书局（Routledge）出版。书局老板希望马林诺夫斯基能写序言，得爽快回答。

后来写出的序言中，马林诺夫斯基热情洋溢地表达了对这篇论文的高度称许，他说——

"我敢于预言费孝通博士的 *Peasant Life in China*（又名《江村经济》）一书将被认为是人类学实地调查和理论工作发展中的一个里程碑。此书有一些杰出的优点，每一点都标志着一个新的发展。本书让我们注意的并不是一个小小的微不足道的部落，而是世界上一个最伟大的国家。作者并不是一个外来人，在异国的土地上猎奇而写作的；本书的内容包含着一个公民对自己的人民进行观察的结果。……是一个实地调查工作者的最珍贵的成就。……此书的某些段落确实可以被看作是应用社会学和人类学的宪章。"

潘师三序

「满天星斗，没有月。虽未喝酒，却多少已有了一些醉意。

潘公抽烟言志，说他平生没有其他抱负，只想买一艘船，带着他所爱的书放游太湖，随到随宿，逢景玩景，船里可以容得下两三便榻，有友人来便在湖心月下，作终宵谈。」

《民主·宪法·人权》

公民教科书中全是一大堆大人的现成结论，教小孩子生吞活剥，结果不是喉头哽咽，定是肠子打结，最起码的也不免长期便秘，下气不通。我毫不犹豫地认为（本书）可以当作一册公民读本来读……此册一出，而一切公民课本与公民教科书可废。

——潘光旦为本书作序

生活书店

民国三十五年八月初版

民国三十五年九月再版

民国三十五年十二月三版

印数：3001—5000 册

"师从先生近四十年，比邻而居者近二十年。同遭贬批后，更日夕相处、出入相随、执疑问难、说古论今者近十年。"——《逝者如斯》一书中，费先生如此描述他和恩师潘光旦先生的师徒关系。

晚年费先生忆师念友的文字不算少，用心看，各有动人处。其中最为鲜活生动、读文如见其人的，当属写潘先生的文字。透彻的了解，入骨的理解，深厚的情感，沉潜的寄托，流动在字里行间。

潘、费之间，这种了解、理解、情感和寄托，是相互的。费先生的文字表达集中在晚年，潘先生则在1948年之前已有数次表达，见于其为费先生的著述所写序文中。

较早一次，写于1943年春，在昆明。

费先生和另九位教授一同由昆明往大理讲学。十人中，无一不喜欢游历。讲学之余，他们访察史料古迹，荡舟洱海，夜宿船舱，其中五人还登顶鸡足山，留宿祝圣寺，一路山重水复，柳暗花明，逢凶化吉，故事多多。费先生笔述其本末，写了《鸡足朝山记》，邀潘先生写序。潘先生序文开笔就说——

"三十二年二月，借了讲学的机会到大理的一行有十人：燕树棠召庭，蔡维藩文侯，曾昭抡叔伟，孙福熙春台，罗常培莘田，张印堂，张文渊，陶云逵，费孝通和我。"

潘先生风趣，依志趣、习惯、喜好程度不同，把十人分作"三派"。"第一派最持重"，惰性大，希望山水送上门来，不愿显得自己去求；"第二派甘心迁就"，但要附带做点学问，采风问俗，搜得史料；"第三派最莫名其妙"，好像是有"醉翁之意不在酒"的风度，似乎无可无不可。

十人而三派，潘先生把自己和费先生划在第三派，且奉费先生为"第三派的正宗"。潘先生说："在各种游览的方式中，最合他胃口的，我相信是'卧游'。我又相信，如果没有人和他同行，他可以百里半于一十，或至多二三十，可以随时打回头，可以'乘兴而往，兴尽而归'，并没有一定的目的地。有了，到不到也是不关宏旨。在事实上，一路晓行夜宿，'先天下之睡而睡，后天下之起而起'的也总是他。"

知费先生者，潘先生也。费先生因《江村经济》《乡土中国》而名气大，论者自多。能如潘先生这般直入关节者，少而又少。

知潘先生者，费先生也。《鸡足朝山记》中有一节，写师徒二人船上一刻，文字如下——

"满天星斗，没有月。虽未喝酒，却多少已有了一些醉意。潘公抽烟言志，说他平生没有其他抱负，只想买一艘船，带着他所爱的书放游太湖，随到随宿，逢景玩景，船里可以容得下两三便榻，有友人来便在湖心月下，作终宵谈。新鲜的鱼，到处都很便宜。我静静地听着，总觉自己太俗，没有想过归隐之道。"

所谓"俗"，是费先生入世心切的另一说法，潘先生何尝不知？他太清楚，费先生在人类学界所归属的功能派是讲究实际效用的。故，在序文里，他点明了《鸡足朝山记》"是借题发挥，他正复别有它用。在他，游览山水是名，而抒展性灵是实"。这话把费先生的寄托说了个透。《鸡足朝山记》文字不算长，时现隐喻，密度之高，在其一生文章中实不多见。

1946 年，潘先生先后为费先生的两部著述写序。

是年 8 月，费先生在生活书店出版《民主·宪法·人权》，潘先生认为该书所述是"民主国家的人民对于政治应有的最低限度的常识"。

为求通俗，费先生的书稿采取了对话和讲故事的方式，分作八个篇目。

一、人民·政党·民主

二、言论·自由·信用

三、协商·争执·智慧

四、宪章·历史·教训

五、波茨坦·磨坊·宪法

六、人权·逮捕·提审

七、特务·暴力·法律

八、住宅·警管·送灶

潘先生看到费先生的书稿，想必有真正的先睹为快之快意。此前，他对自家女儿必读必考的高小公民课本之不中用正窝了一肚子气。

当时，其三女正准备考试，教本是教育部审定的高级小学公民课本第四册。

在潘先生眼里，课本上的十二课是十二篇八股文，却没有八股文的起承转合技巧和抑扬顿挫声调，是"一大串大人都嚼不动的东西"，连标题都是"国体和政体"、"民法和民事诉讼程序"之类。教本如此，让十一二岁的孩子去读，怎么能懂？而自己的女儿正为应付考试死记硬背。厚道的潘先生说——

"公民教科书中全是一大堆大人的现成结论，教小孩子生吞活剥，结果不是喉头哽咽，定是肠子打结，最起码的也不免长期便秘，下气不通。"

潘先生更气的是，教本里的东西"如果理论上经得起盘驳，事实上找得到确据，生活经验里有事物随时可供印证，倒也罢了"，偏偏连这一点也不够数，身为教育家的潘先生怎能不动气？

费先生的文章，说的是与学校教本同一个话题，却能"深入浅出，意远言简，匠心别具，趣味盎然"，若能推广开去，当大大有益于世道人心，潘先生自然要好好表彰一番——

"八篇合起来，我毫不犹豫地认为可以当作一册公民读本来读。高小的学生可以读，中学生、大学生都应当读，身为民主国家官吏而多少被妄自尊大的心理所驱策的许多朋友更不可不读。此册一出，而一切公民课本与公民教科书可废，特别是那些所谓'国定'的教本。"

指名道姓，判"国定"教本的死刑。潘先生踏踏实实出了一口恶气。

1946 年秋冬之际，潘先生为费先生《生育制度》一书作序。

《生育制度》是费先生在自己一生全部著述中打分最高的一本，源起于他在西南联大和云南大学开的一门同名课程。

潘先生写序时，这门课已开了六七年之久。其讲稿经不断修正、补充，渐趋专著水准。费先生将其整理成一部书稿，刚及半程，发生"李闻事件"，费先生也被列入暗杀名单。美国领事馆设法救出潘、费等民主教授后，费先生经南京回到苏州乡下，继续整理讲稿。三个月后，虽可完稿，费先生却因"不能畅所欲言"而打算搁置书稿。此时，潘先生有劝进之言——

"人生几见玉无瑕，何况瑕之所在是很有几分主观的呢？又何况此瑕不比彼瑕，前途是尽有补正的机会呢？"

此话有理，费先生听进去了。同意交付出版，但请潘先生作序。

这回像是轮到了潘先生借题发挥。为作更好发挥，潘先生为序言确定了题目："派与汇——作为费孝通《生育制度》一书的序"。

这个题目本身即含有明确信息——它是一篇独立的文章，同时用作费先生著述的序文。

潘先生首先点明，费先生书名为《生育制度》，实际讨论的是《家庭制度》。说到家庭，潘先生曾在民国十六年出版过《中国之家庭问题》，故，为《生育制度》写序，他是绝对内行，且有深厚积累，更具独家眼光。

潘先生对比说，自己注意的是问题及其解决之道，取政策角度，属于社会理想，费先生注意的是制度本身，取学术角度，属于社会思想；自己提出的是住上好房子的愿望，也提出了好房子的图样，费先生提出的是从居住需求到建筑完工全程中的相关问题，既要造好房子，又要知道怎样确保造好房子。

从潘、费师徒二人的终极关怀看，这里说的"房子"，实际指人类社会的整体生存和发展环境，一个包括自然、社会和人文的无穷空间。

潘先生说："两者相较，无疑的他的尝试要比我的更为基本，更为脚踏实地。也无疑的，他这一番工作应该先做，我的则失诸过早。"

既如此，对"更为基本"的研究提出更高的标准，便在情理之中。潘先生由此进入"派与汇"的话题，并从费先生所属的功能学派说起。他把犀利的目光放进优容的叙述，温良敦厚而不失明察。

不同学派中，后起的学派有条件综合各派优长，由派而汇,推陈出新。人类学界的功能学派就是如此起家,得享盛誉。不过,它又可能因为独步一时而自信过头,薄弱了持续的汇聚能力。这一点,潘先生在费先生书稿中或有觉察。

潘先生说:"希望孝通和其他用功能论的眼光开研究社会与文化现象的朋友们要注意提防……'我执'心理,特别是此种心理养成的'一切我自家来'的倾向。功能论既已很有汇的趣味……它所称自家之家,门户自不致太狭,派头自不致太小,事实上它和别人所已发生的'通家之好'已经是很显著;但大门墙可以出小气派,表面的通好可能是实际的敷衍,还是不能不在提防的。例如即就孝通所论列的生育制度而言,功能论者是充分地承认到所谓种族绵延的生物需要的,这表示和生物学已经有了通家之好,但舍此而外,一切构成生育制度的材料与力量,一切其他的条件,好像全是社会自家的了,文化自家的了。这是事实么? 我以为不是。"

显然,潘先生的视点更高一筹。在一个总体学术格局里,看出了功能学派在人类学界的拓展趋势,也看出其边界所在。眼前的《生育制度》便是个样本。他似乎不太担心费先生有摸象之盲,书稿作者"大体上并没有表示一切都要自家来",但序文作者不能因此不作提示。

潘先生也是学界中人,太知道学者的一般心理。他说:"学者总希望自成一家言,自成一家当然比人云亦云、东拉西扯、随缘拼凑、一无主张……高出不知多少筹,但如求之太急,则一切自家来的结果或不免把最后通达之门堵上。孝通在本书里有若干处是有些微嫌疑的。"

　　无疑棒喝。潘先生看得清楚，也下得了手，"喝"得出来。

06

江村三访

一村农民生活之变，可作一国社会变迁晴雨表。这种自觉，当时学界或不多见。费先生「从毫末辨流向」的意识和本领，此时已相当显豁。

《江村经济》

在开弦弓村所见到的农村经济结构的变化在中国并不是个别的特殊现象。即使不能说中国几十万个农村都已发生这样的变化，但是可以说这是中国农村的共同趋势。

江苏人民出版社
1986 年 10 月第 1 版
1986 年 12 月第 2 次印刷
印数：5001—30000 册

费先生晚年说过，他一辈子的路是跟着姐姐走的，一辈子也没有赶上。

其姐费达生，长他七岁，立志改良丝业生产，提升技术水准，复兴传统产业。

1929 年，费达生在家乡江苏吴江帮助农民创办了一个缫丝厂，名为"开弦弓村有限责任生丝精制运销合作社"。

该村因此成为中国乡村工业发祥地，费达生有"乡镇工业之母"之誉。

1935 年秋，费先生在清华研究院硕士毕业后，参与"广西省人种及特种民族社会组织及其他文化特性研究计划"，10 月赴广西，进瑶山，在其计划推进到百多天时遇险受伤，田野调查被迫中断。

1936 年夏，费先生回家乡养伤。费达生建议他到开弦弓村小住一段，休息、养伤之余，顺便看看村里丝厂情况。

费先生刚住下时，没有想到要做调查。串门入户、闲话家常中，他觉察到，村民生活正发生历史性的变化——现代工业进入古老的中国农村，养蚕女开动了缫丝机器。他整个心思被强烈吸引，意识到眼前场面大有意义，应如实记录，作出分析。

费先生说："开弦弓是中国国内蚕丝业的重要中心之一。因此，可以把这个村子作为在中国工业变迁过程中有代表性的例子；主要变化是工厂代替了家庭手工业系统，并从而产生的社会问题。……但至今没有任何人在全面了解农村社会组织的同时，对这个问题进行过深入的研究。此外，在过去十年中，开弦弓曾经进行蚕丝业改革的实验。社会改革活动对于中国的社会变迁是息息相关的；应该以客观的态度仔细分析各种社会变迁。通过这样的分析，有可能揭示或发现某些重要的但迄今未被注意到的问题。"

一村农民生活之变，可作一国社会变迁晴雨表。这种自觉，当时学界或不多见。费先生"从毫末辨流向"的意识和本领，此时已相当显豁。他随即展开对开弦弓村农民生活状况的实地观察和记录。

1936年秋，费先生带着该村调查资料到英国留学。其导师马林诺夫斯基是当时人类学领军人物，对其调查工作可谓激赏。指导他写出博士论文《江村经济》，推荐给著名机构出版，亲自写序，用"里程碑"和"宪章"给予极高评价。

费先生一出道就站在国际人类学前沿。他自己却说是"无心插柳"。

《江村经济》如实描述开弦弓村的土地制度、人口、家庭、婚姻、伦理、亲属关系、农业、蚕丝业、副业、工业、贸易、教育、医疗等方面实况，内容远远超出"经济"概念，进入文化层面。

对此，马林诺夫斯基"不无嫉妒"地说，该书"对农村生活、农民生活资料、村民的典型职业的描述以及完美的节气农历和土地占有的准确定义等，都为读者提供了一种深入的确实的资料，这在任何有关的中国文献中都是十分罕见的"。

费先生"完美"、"准确"、"深入"、"罕见"的著述，使开弦弓成为国际人类学界乃至更多人士观察、了解、研究中国农民生活的一个窗口。

格迪斯（W.R.Geddes）是费先生的留英同学，后来掌门澳大利亚悉尼大学人类学系。他一直关注1936年后的江村变化，颇想实地造访。

1956年，机会降临。新中国成立数年，治理成效显著，《剑桥中华人民共和国史》说："中共的领导人可以以相当满意的心情回顾1949年以来的一段时期。"自己回顾之余，也想请西方人来看看，改善对新中国的印象。

新西兰文化代表团受邀访问中国时，格迪斯作为该团成员，经周恩来认可，得以到江村作实地调查，是"第一个到这个村子来访问的欧洲人"。

格迪斯写出《共产党领导下的中国农民生活》（副题：对开弦弓村的再调查），在"结论"中说："1936年的开弦弓和1956年的开弦弓，它们之间的差别是巨大的。……今天开弦弓的人民，看来确实比二十年前，在物质上要富裕得多，而且他们有了更大的安全感。"

费先生称许格迪斯的调查和成果，说是"好的工作"，"相当好的书"。他被格迪斯所激励，"安排重访江村"。1957 年 4 月 26 日至 5 月 16 日，他带着中科院经济研究所选派的助手，到江村住了二十天。

费先生和姐姐、同事一同进村，白天分头调查，晚上汇集案例和数据。费先生说："二十多年的账，二十多年的日出日落，算起来复杂呀！我们每天晚上打算盘，摇手摇式计算机，天天干到深夜。每人要扒拉算盘珠子千百次，摇转手柄千百次，那是很难数清的。我们计算灯油，这半个月，平均每天烧掉灯油一斤。"

面对大量数据，费先生敏锐依旧，感慨乡村巨变，也发现"问题就是一大堆"，如"粮食有点紧张"、"哪里有钱念书"、蚕业衰落、缫丝不再等等。结果是，"农业增产了百分之六十，而还是有人感觉到日子没有二十一年前好过"。

"问题出在副业上。"费先生如是说。

历史上，因人多地少，江村农民吃饭靠种田，花钱靠副业，故副业发达。1936 年前后，村民年收入中，四成半来自副业。费孝通重访江村时，限于当时政策，"农业社只搞农业，所有加工性质的生产活动，都要交到其他系统的部门，集中到城镇里去做。甚至像砻糠加工这样的事情都不准在农业社里进行。……以蚕茧说，烘茧过程也要划归商业部门去做"。蚕农靠缫丝挣钱的门路不通了，只能卖蚕茧，收入自然减少，念书的钱也成了问题。

在费先生眼里，农民生活有难处，国家利益也受损。他写《重访江村》说："看来国家遭受损失事小，逾越清规却事大。我希望在农业社经营范围这个基本问题上，是否可以放开来争鸣一下，多从实际研究研究，农业和工业之间究竟怎样配合联系，才最有利于我们在这个人多地少的具体情况中发展社会主义？"

有人认为，这是在批评当时农村政策，属于犯上。"反右"运动随后到来，费先生未能幸免。正在《新观察》连载的《重访江村》遂遭腰斩。

从"反右"到"文革"之后，费先生的学术工作中断二十多年。

1980年6月，其被错划右派问题得到"改正"。费先生在座谈中表示，有两笔欠账要还，第一笔就是关于江村历史变迁的追踪记录。

1981年10月，费先生第三次访问江村，看到"农民不仅解决了吃饭问题，而且还有了钱花"。究其原因，是恢复传统副业，重建缫丝厂，新建丝织厂和豆腐坊。据此实证，费先生重提当年话题并作扩展——"乡村工业的发展使这个农村集体经济结构发生了重大变化"。

见微知著。费先生在《三访江村》一文中说："在开弦弓村所见到的农村经济结构的变化在中国并不是个别的特殊现象。即使不能说中国几十万个农村都已发生这样的变化，但是可以说这是中国农村的共同趋势。""用开弦弓村作为一个观察中国农村变化的小窗口，有一个好处，就是我们有近五十年的比较资料。"

费先生谦虚，他说自己的三访江村说不上是实地调查，只可说是回乡探亲。乡亲们的巨大热情，使他"完全沉浸在友谊的海洋里"，乃至担心这种情感会影响到自己观察事物的客观状态。可是，作为一个祈盼并致力于中国农民丰衣足食的学者，亲眼目睹家乡父老日益富足，他又岂能无动于衷？

从三访江村开始，费先生热切追踪这一历史过程。一年一次，一年两次，积累资料，深化认识。当初看重的是"草根工业"有效增加农民收入，后来看出了一条中国工业化的独特道路。数年后，他在《九访江村》中写道——

"与西方工业革命的历史相对照，草根工业无疑是中国农民的一个了不起的创举。……他们有力量冲破资本主义工业发展初期的老框框，他们根据自己的生活需要去改变工业的性质，让工业发展来适应自己。在草根工业中，农民表现出了充分的主动性，这不是当今中国社会的一大特点吗？"

1981年11月18日，费先生三访江村之后，远赴英伦，到母校 LSE 接受英国皇家人类学会颁发的赫胥黎纪念奖章，发表了动人的领奖演说——

"从青年时代踏进这门学科，我就已经向往的荣誉，经过了半个世纪坎坷的道路，到了垂暮之年，突然落到自己身上的时候，欣慰愧赧可能是形容此时内心感受最适当的语词。

去年英国皇家人类学会通知我要我在今年冬天到伦敦来接受赫胥黎纪念奖章是完全出乎我意料的。古人云，'人贵有自知之明'。以我学术上的成就来说，我决不敢妄想和从这个世纪开始时起接受这奖章的任何一位学者相提并论。但是我一想到这个光荣榜上开始列入中国人的姓名时，我感到衷心喜悦。这表明了英国皇家人类学会的学者们怎样重视这门学科。今后的发展将有赖于全世界各国、各民族的学者们的共同努力。"

07

云南三村

「费孝通是头儿和灵魂，他似乎有把朝气蓬勃的青年吸引到他周围的天才。他的创造性头脑，热情，好激动的性格，鼓舞和开导着他们，这是显而易见的。」

《云南三村》

那正是强敌压境、家乡沦陷之时，战时内地知识分子的生活条件是够严酷的了。但是谁也没有叫过苦，叫过穷，总觉得自己在做着有意义的事。吃得了苦，耐得了穷，才值得骄傲和自负。我们对自己的国家有信心，对自己的事业有抱负。那种一往情深，何等可爱。

天津人民出版社
1990 年 11 月第 1 版
1990 年 11 月第 1 次印刷
印数：1—800 册

1938 年 11 月 15 日——这是费先生 1987 年 10 月 13 日写下的一个日子。时间隔了这么久，动荡了半个世纪，费先生的书籍、资料前后失散过三次，凭什么记住这个日子？是它的重要性吗？

写下这个日子时，费先生还写了"接近五十年，只差一个月又三天"。阅读范围所及，如此精确地计算时间，在费先生晚年著述中，或是唯一的一次。

这是他从事云南内地农村调查的起始时间。

此前，瑶山调查、江村调查，也都有起始时间，却不见费先生如此记录。论成果的重要性，《花篮瑶社会组织》和《江村经济》至少不在《云南三村》之下，可见这个日子的重要性别有所属。

《云南三村》序言中的一段文字可作注脚——

"这一段时间的生活，在我这一生里是值得留恋的。时隔愈久，愈觉得可贵的是当时和几位年轻的朋友一起工作时不计困苦，追求理想的那一片真情。以客观形势来说，那正是强敌压境、家乡沦陷之时，战时内地知识分子的生活条件是够严酷的了。但是谁也没有叫过苦，叫过穷，总觉得自己在做着有意义的事。吃得了苦，耐得了穷，才值得骄傲和自负。我们对自己的国家有信心，对自己的事业有抱负。那种一往情深，何等可爱。这段生活在我心中一直是鲜红的，不会忘记的。"

这一点，确是瑶山调查和江村调查所没有的背景。其中，"和几位年轻的朋友一起工作"尤其关键。

"一起工作"的依托机构，是云南大学和燕京大学合作成立的一个社会学研究室。

1938年秋，费先生由英国学成归国，"参加烽火中的讲学"，其燕京老师吴文藻已在云南大学成立了社会学系，费先生入该系执教。翌年研究室成立，即以云大教授名义主持该室工作，开展社会学调查。

1939年春，费先生在西南联大兼课。听课者中，张之毅首先报名参加该室调查工作，并带动史国衡、田汝康、谷苞、张宗颖、胡庆钧陆续加盟，加上云大教授许烺光、燕京研究生李有义，形成一个研究团队。

据谢泳教授研究，这个团队还包括王康、林耀华、瞿同祖、袁方、陶云逵等，先后参加该室研究工作的有十几人。

这个团队敬业、乐群、向学、向上，专注于学术，思想自由，争辩激烈，亲和友爱。在费先生主持下，每个人都有自己的研究专题，分散到不同社区作实地调查。回到研究室里，所有调查专题都会得到集体讨论，再由个人编写论文，完成研究成果。

费先生把留学英国时其导师主导的研究方式移植到了社会学研究室。他有意识地借鉴马林诺夫斯基主持的讨论会形式，整体推进团队研究工作。他说："这种做研究工作的办法确能发挥个人的创造性和得到集体讨论的启发，效果是显然的。像《易村手工业》这样的论文是出于大学毕业后只有一年的青年人之手，我相信是经得起后来人的考核的。"

他说的这个青年人，是张之毅。

《云南三村》集中的三篇调查报告，是《禄村农田》、《易村手工业》和《玉村农业和商业》。前一篇是费先生所写，后两篇是其助手张之毅所写。

费先生为《易村手工业》所写序言中，回忆他们俩和"两匹马就在高山险峰上盘旋着"进入易村的情景说——

"易村的工作环境，实在比我们所有的工作地方都困苦。不但我们曾好几天除了花生外，没有任何其他可以下饭的东西，而且人生地疏，没有半点借径。一切都得硬硬地打入这个陌生的社区中去。这自是一件极不容易的事。之毅初次加入我们的队伍，就派着这个苦差。他离开我时，我不免为他担心。那年年底，之毅饱受风尘地回来了，没有说半句怨言。他和我住在一起，一行一行地写下了这份报告。"

1940年，昆明频繁遭遇日军轰炸，费先生主持的研究室被迫疏散到呈贡县农村。他们租下呈贡古城村南门外的魁星阁作工作基地，研究室从此有了新的称呼：魁阁。

据魁阁成员田汝康回忆，当时的魁星阁已很陈旧，研究室搬入时，有些木板已松动到风吹即摇晃，乃至碰撞作响。

在这个三层楼阁中，他们一层做饭吃饭，二层办公，三层住人。大家工作、生活在一起，自有一种艰难困苦中的融洽。老话讲，叫相濡以沫。

美国学者费正清的夫人费慰梅当年曾实地访问研究所，走进魁阁。她描述说："顶层有木佛……二层有三张桌子……三个书架装满书籍和文稿。这里是研究人员办公的地方。……一层是厨房和通道。物质条件很差，但艰苦的工作精神和青年人明确的工作目标，给人以深刻的印象。"

张之毅的妻子刘碧莹也有回忆——"这些人都是书呆子，搞调查，写东西，一天到晚在一起说调查的事，说各自的看法。晚上不到十一二点不睡觉。他们这帮人干事业不要命的。定好了就分头去调查，回来见面就争论。"

号称"美国孔夫子"的费正清比他妻子更了解魁阁团队。其核心人物是他的好朋友。费正清说：

"费孝通是头儿和灵魂，他……似乎有把朝气蓬勃的青年吸引到他周围的天才。……他的创造性头脑，热情，好激动的性格，鼓舞和开导着他们，这是显而易见的。反过来，他们同志友爱的热情，生气勃勃的讨论，证实了他们对他的信任和爱戴。"

费先生自称"魁阁的总助手"。他总体设计、调度研究工作，帮助大家进行集体讨论和个人写作，还承担刻写蜡版和油印文件的工作。

战时环境严苛，研究经费不足，他们没有条件展开大规模的研究计划，甚至买不起照相机、胶卷等简单器材和日常耗材。

魁阁的研究成果如张之毅的《易村手工业》、《玉村土地和商业》，史国衡的《昆厂劳工》、《个旧矿工》，谷苞的《化城镇的基层行政》，田汝康的《芒市边区的摆》、《内地女工》，胡庆钧的《呈贡基层权力结构》等等，形成魁阁出版物的时候，只能油印。

半个世纪后，费先生为《云南三村》写序言，还清晰地记得当年他为油印《易村手工业》而花费大量时间，一字一句刻写蜡版的情景。

费先生自己的研究课题没有因"总助手"的身份而耽搁。从心情看，他可能是团队中最为急切的；从课题看，他的属意或更带有纵深和全局性质。

因为急切，费先生从伦敦到达昆明后，只停了两周便去做禄村调查。他自己说是"迫不及待"；因为要纵深掘进，他有意识地做方法上的尝试，让禄村调查续上江村调查，让理论线索跟上事实素描。

费先生说："从江村到禄村，从禄村到易村，再从易村到玉村，都是有的放矢地去找研究对象，进行观察、分析和比较，用来解决一些已提出的问题，又发生一些新的问题。"他的研究目的，是要了解中国社会，江村是个起点，是提出个案。云南三村是继续和拓展，自觉地应用了类型比较的方法。

禄村调查告一段落，费先生和张之毅去寻找一个手工业相对发达的农村，以利比较研究。他们"走了六天才找到易村"。

"总助手"带着助手这么走路，从费先生的心情说，是在带徒弟。他说自己是采取"亲自带着走，亲自带着看"的方法培养新手。调查计划是共同拟定的，初次调查是一起做的，复查是费先生具体指导的，在魁阁的反复讨论是费先生主持的，连油印蜡版都是费先生刻写的，后来改写英文版时费先生又"细嚼过"，到作品署名的时候，费先生藏了起来。

"总助手"身体力行，又如此奖掖后学，故能在艰苦条件下有效推动魁阁研究工作，使魁阁团队保持着学科前沿水准。费正清的一个学生说："1940年代，费先生及其同事、学生已形成一个有才华、有前途的研究集团。"对魁阁做过专题研究的谢泳教授，称魁阁为"中国现代学术集团的雏形"。

《云南三村》的首次公开面世，是费先生1943年初访美国时带去，在美国同行帮助下译成英文，以 *Earthbound China* 为书名，于1945年出版。到中文版初版，已是1990年。

天津人民出版社与费先生约定出版该书中文版后，费先生把消息告诉张之毅时，张正在校阅其《玉村农业和商业》的旧稿。费先生说："说是校阅，实是重写。"当年著述的文字，占不到新稿的三分之一。一句一字不苟且。

费先生耐心等着张之毅的定稿，等到的是故旧老病复发的消息。费先生去医院看望，张已昏迷，"话也没有能接上口"。

丧事过后，张之毅家人把他亲手剪贴、改写的稿本送到费先生手上。费先生说："真是想不到，将近五十年前，为了油印他那本《易村手工业》，我曾一字一句地亲手刻写蜡版；过了这么半个世纪，最后还是轮到我，为了出版这本《玉村农业和商业》，又一字一句地亲自校阅他的修正稿。这段学术姻缘，岂是天定？"

乡土中国

费先生的讲法和写法，是「以中国的事实来说明乡土社会的特性」。于是，我们看到《乡土中国》像是一幅中国农村社会的素描长卷，中国笔法，散点透视，工笔兼写意。

《乡土中国》

只有直接有赖于泥土的生活才会像植物一般的在一个地方生下根，这些生了根在一个小地方的人，才能在悠长的时间中，从容地去摸熟每个人的生活，像母亲对于她的儿女一般。

观察社

1948 年 4 月初版 1—3000 册

1948 年 6 月再版 3001—5000 册

1948 年 7 月三版 5001—7000 册

费先生等身著述中,《乡土中国》大概是最为脍炙人口的一本,版本众多。现在常见的,有三联版、人民版、商务版、中华书局版、北京大学版、北京版、上海人民版、江苏文艺版……仅三联一家,自1985年初版迄今,已不少于四种版本。

　　1940年代中后期,费先生的学术研究进入盛期,《乡土中国》是重要进展之一。该书面世之前,他已出版有《江村经济》《禄村农田》等著述,以村落为单元,具体描述江村、禄村的农民生活及社会结构。费先生称此类著述为"调查报告",属于其田野工作中的个案研究。

　　到出版《乡土中国》,费先生的研究重点已从个案、类型向"通论"阶段过渡。所谓通论,不再是对一个社会单元的具体描述,而要提升一步,从具体社会生活中提炼出一些概念,来表达存在于具体事物中的普遍性质,也表达作者对社会现象的理性认识。《乡土中国》正是费先生试图对中国基层社会性质作出通论式描述的尝试结果。

　　《乡土中国》初版于1948年。当时,西方现代工业机器和技术已进入中国乡村,绵延数千年的中国农耕文明开始发生实质性变化。

　　费先生具有超常敏感,并有实际接触这一变化的捷径。

　　她的姐姐费达生1920年留学日本,学习蚕丝业技术改革;

1923 年学成回国，下乡指导蚕农养蚕缫丝；

1925 年创建股份制蚕种场，到开弦弓村推广良种；

1929 年帮助该村村民成立生丝精制运销合作社，在村里建起"中国历史上第一个农村合作丝厂"。

姐弟俩亦步亦趋相伴一生，起点就在开弦弓，背景就是中国农村变革过程。

费先生认为，"中国社会变迁的过程最简单的说法是农业文化和工业文化的替易"。这种"替易"，既能带来进步，也须付出代价。他在 1948 年初版的《乡土重建》一书，有相当篇幅讨论了当时初现的社会代价。

如何减少代价、缓和社会动荡？无疑，先要认清现实。《乡土中国》便是费先生力图认清现实的一本书。我们在该书"重刊序言"中可以读到——"作为中国基层社会的乡土社会究竟是个什么样的社会"，这是他当年向自己提出的问题。当时，他在云南大学和西南联大教授社会学，便把这些问题和思考带进课堂，带进他承担的"乡村社会学"课程。

费先生要带着对中国问题有热忱、有追求的学生一起思索。不妨说，《乡土中国》是从课堂写起的。

费先生的讲法和写法，是"以中国的事实来说明乡土社会的特性"。于是，我们看到《乡土中国》像是一幅中国农村社会的素描长卷，中国笔法，散点透视，工笔兼写意。作者驾轻就熟，顺手拈来百姓生活场景乃至细节，让深入的理论和学术思考接通读者的日常经验和感受——

鄉土中國（版權所有　不准翻印）

三十七年四月初版
六月再版
七月三版

三〇〇〇—一—二三〇〇
五〇〇〇—一—一七五〇〇

著者　費孝通
發行人　儲安平
發行所　觀察社
上海北四川路一九七二號內一號

基本定價：國幣十二元

1948年版《乡土中国》版权页

"乡土社会在地方性的限制下成了生于斯死于斯的社会。常态的生活是终老是乡。加入在一个村子里的人都是这样的话，在人和人的关系上也就发生了一种特色，每个孩子都是在人家眼中看着长大的，在孩子眼里周围的人也是从小就看惯的。这是一个'熟悉'的社会，没有陌生人的社会。"

　　写下这些文字十年前，费先生在英国伦敦留学。导师为他联系的住所，是能真正接触英国社会生活的环境。他熟悉那里的法治传统、契约精神、民主空气。对比起来，中国社会显然不同——

　　"'我们大家是熟人，打个招呼就是了，还用得着多说么？'——这类的话已经成了我们现代社会的障碍。现代社会是个陌生人组成的社会，各人不知道各人的底细，所以得讲个明白；还要怕口说无凭，画个押，签个字。这样才发生法律。在乡土社会里法律是无从发生的。'这不是见外了么？'乡土社会里从熟悉得到信任。这信任并非没有根据的，其实最可靠也没有了，因为这是规矩。西洋的商人到现在还时常说中国人的信用是天生的。类于神话的故事真多：说是某人接到了大批瓷器，还是他祖父在中国时订的货，一文不要的交了来，还说着许多不能及早寄出的抱歉话。——乡土社会的信用并不是对契约的重视，而是发生于对一种行为的规矩熟悉到不假思索时的可靠性。"

　　这类事实叙述，背后是东西方文化两种文化里人际交往遵守信用的不同规则和方式，是个具有理论内涵的话题。费先生说到的具体事情，则是街坊邻里、农妇老汉都很熟悉也能会意的身边事。这类例子，《乡土中国》中俯拾皆是。

费先生时常引入他所熟悉的西方社会文化中的事实，同他更为熟悉的中国乡土社会两相对比，力求更清晰地衬托出中国社会的乡土特质。他还不时把话题引向很多不识字却也熟知的文化传统，在孔子的遗训、孟子的主张、老子的理想和乡土社会之间，标出"一方水土养一方人"的关系。

一些理论概念，在《乡土中国》也变为事实叙述。比如"安土重迁"，费先生说，从泥土里讨生活的人，不能老是移动，他得守住土地，侍弄庄稼，争取好收成。收获季节过后，周而复始地日出而作，日落而息。土地里的庄稼动弹不得，侍弄庄稼的老农也像半身插在土地里。乡土社会是安定的社会，自给自足，无需往来和流动。老子产生"鸡犬相闻，老死不相往来"的理想，很自然。

在《乡土中国》中，费先生为描述中国社会家庭、氏族乃至更大范围的社会结构，创造性地提出了"差序格局"一词，成为中国社会学界百年来很少见的原创概念。

费先生说，西方人说到他的家，指的是夫妻和孩子，很明确。中国人的家，界限就不明确了，伸缩性很大，可以扩大到四五代人同堂的大家庭，乃至整个氏族，一表三千里。中国人的社会关系网是以某个人为中心，波浪似的向外扩散，犹如投入水中一个石子后的水纹，一圈圈推出去，越推越远，也越推越薄，形成一种"差序格局"。

一圈圈推出去的波纹，震荡幅度或大或小，取决于入水石头的大小、中心势力的厚薄。有势力的人家，街坊可以遍及全村，村民全都可能参加其婚丧嫁娶和小孩满月、百天的庆贺活动。穷苦人家的街坊则可能只是比邻的几家。

知人善任的费先生，请来《红楼梦》中人，演出了"差序格局"的典型场景——"贾家的大观园里，可以住着姑表林黛玉，姨表薛宝钗，后来更多了，什么宝琴、岫烟，凡是拉得上亲戚的，都包容得下。可是势力一变，树倒猢狲散，缩成一小团。到极端时，可以像苏秦潦倒归来，'妻不以为夫，嫂不以为叔'。中国传统结构中的差序格局具有这种伸缩能力。在乡下，家庭可以很小，而一到有钱的地主和官僚阶层，可以大到像个小国。中国人也特别对世态炎凉有感触，正因为这富于伸缩的社会圈子会因中心势力的变化而大小。"

接下来，费先生说："我们一旦明白这个能放能收、能伸能缩的社会范围就可以明白中国传统社会中的私的问题了。我常常觉得：'中国传统社会里一个人为了自己可以牺牲家，为了家可以牺牲党，为了党可以牺牲国，为了国可以牺牲天下。'"

勾画出这种社会现象后，费先生更深一步，绕到人们熟悉"修齐治平"顺序背后，挑明其与差序格局一脉相承的逻辑。他认为，这个"私的问题"和中国人素来向往的修齐治平"在条理上是相通的，不同的只是内向和外向的路线，正面和反面的说法"。这种差序的推浪形式，把群与己的界限弄得模棱两可，和西方文化里把权利和义务分得清楚明白的做法大异其趣。

费先生如此鞭辟入里的分析与解说，不是靠概念和推理，是凭借事实叙述，作用于人们对世态炎凉的入微感受。即便提出"差序格局"这样蕴含丰厚的概念，也是建立在大家熟悉的日常生活经验基础上。

《乡土中国》在学术思想和大众生活之间架起了沟通的桥梁。

肯用点心思的大众读者可以从中领悟生活现象中的意义和趣味，心有灵犀的学者可以从中受到学术思考的启发。

借助《乡土中国》，费先生有效证明了生活与学术之间源和流、本与末的关系。尤为可贵的，是让学术著述放下了端着面孔的架势，避开了高头讲章式的自命不凡，回归生动活泼、亲切宜人的境界。

曹聚仁写《文坛五十年》，曾评价费先生是"文学圈外文章高手"，说其著述"有了蒙田散文的风格"，"费氏的散文'深入浅出，意远言简，匠心别具，趣味盎然'，都为其他文艺作家所不能及"。曹氏举例，用的是《民主·宪法·人权》一书，似独出。其实，《乡土中国》半点不逊色，是双璧。

09
——
我们复兴的基地

那时内战正凶，一本讨论乡村问题的学术类著作能有如此销量，可见当年大陆读者的趣味和关怀。

《乡土重建》

常有一地有了一个成名的人物，所谓开了风气，接着会有相当的时期，人才辈出的。循环作育，蔚为大观。人才不脱离草根，使中国文化能入地方，也使人才的来源充沛浩阔。

上海观察社

1948 年 8 月初版　1—3000 册

1948 年 9 月再版　3001—5000 册

1948 年 12 月三版　5001—7000 册

听高信疆先生说台湾出版界往事，说到有段时间盗版活跃，例证多多，其中有一本费先生的《乡土重建》。他记不清是谁家盗的，但对封面作者署名印象深刻——"费通"。

费先生亦知此事，有次说起，无奈笑道："他们盗印我的书，不给版税，还改我名字，让我不'孝'。版税可以不要，人不孝，问题就大啦！常有人把我当块肥肉，动不动就咬一口，也不管我疼不疼。不过要是书里讲的道理能帮台湾把乡村治理好，农民得实惠，也算好事。"

最近买到的盗版《乡土重建》，简陋到书脊空白，封底纸幅小于内页。浅灰绿素色封面仅七字，书名之外便是"费通著"；封底兼作版权页，系文侠出版社"中华民国六十二年九月十日出版"。价"新台币廿五元"。

《乡土重建》是费先生学术高峰期一本影响广泛的著述。该书由观察社于民国三十七年八月初版，印数三千册；九月再版，加印两千册；十二月三版，加印两千册。那时内战正凶，一本讨论乡村问题的学术类著作能有如此销量，可见当年大陆读者的趣味和关怀。

作者在书中寄托很深。从动机看，是要讨论当年中国从贫弱凋敝到复兴繁荣的根本思路；从目录看，逐一讨论了如下话题——

这些话题中，诸多更具体的话题不在目录中，如"回不了家的乡村子弟"、"自治单位完整性的破坏"、"乡村靠不上都会"、"传统有机配合的脱栓"、"怎么会穷得没有资本的"、"资本从哪里来"、"提高农民生活程度的道路"、"乡土还是我们复兴的基地"……

天！这本初版于近七十年前的书，居然在讨论当下中国的现实问题。

欲懂《乡土重建》，还是先看看乡土社会的损蚀过程。

中国农耕社会有个基础，叫叶落归根，构成社会的有机循环。这一循环里，人们小心伺候土地，尽力保持土地肥力，以利作物生长，满足生活之需。生活中的所有产物，即便弃物，也都加入循环过程，如落叶化作春泥。

费先生说："任何一个到中国乡村里去观察的人，都很容易看到农民们怎样把土地里长出来的，经过了人类一度应用之后，很小心地又回到土里去。人的生命并不从掠夺地力中得来，而只是这有机循环的一环。其至当生命离开了躯壳，这臭皮囊还得入土为安，在什么地方出生的，回到什么地方去。"

天长日久，这一循环滋生出一文情感，桑梓情谊，形成告老还乡的传统。华侨飘洋万里，锱铢积蓄都寄回家，死后也要回乡安葬。费先生有位祖辈，中举后奉派到云南做官，因瘴气死在任上。其弟为接其灵柩回乡，放弃自己前途，耗时数年，历经艰辛，终得如愿。费先生说，此事在现代文化中会以为毫无必要，但在费氏族谱上大书特书，评为历代事业中最伟大的一项。

漫漫历史中，出自乡村的文人、官员，更多的是生前即回乡。或卸任而还，或辞官而返，或遭贬黜而回，殊途同归，更有一直晴耕雨读、终老家乡者。这一群体绵延相续，为乡村社会保持着地方治理和发展所需人力资源。

这类人物，即便跃登龙门，身家百倍，也极少忘本，牵挂乡里。不惟不损蚀本乡元气，尤觉有更大责任，维护本乡父老福祉，储备后世兴旺所需。修路、造桥、办学、息讼、敦伦……无不为此。

"常有一地有了一个成名的人物，所谓开了风气，接着会有相当的时期，人才辈出的。循环作育，蔚为大观。人才不脱离草根，使中国文化能深入地方，也使人才的来源充沛浩阔。"——这是《乡土重建》中的一段文字。

费先生出生于这样的环境，祖辈、父辈也都是这等人物，熟悉得很，但他更想用事实说话。为此，他和恩师潘光旦先生作专题研究，统计、分析了915个清朝贡生、举人和进士的出身，结果是：52.5%出自城市，41.16%出自乡村，6.34%出自城乡之间的市镇。人才密度更高的直隶、江苏、浙江、山东、安徽、山西、河南七省中，后四省的乡村百分比超过城市。费先生说："即以必须很长文字训练才能有机会中试的人才，竟有一半是从乡间出来的。"

城乡各半的这种比例，形成了费先生所言中国社会有机循环的一项重要机制，即无论身居城乡，进入社会流动渠道和上升空间的机会大致均等。生为小农无妨，有教无类，只要刻苦耐劳，勤于求知，同样有上升机会，这就避免了达者越达、穷者越穷的两级分化，维持了社会的平衡。

乡村培植出来的人能为乡村所用，对乡村治理至为重要。费先生的一位老师杨开道先生写过一本《中国乡约制度》，认为"中国士大夫对于地方事业的负责可以说比任何其他国家的中间阶级为甚"。

《乡土重建》的观点曾引起广泛的讨论，包括质疑。面对或持阶级斗争立场的意见，费先生说："即使我们说这些人服务地方为的是保障他们自身的地主利益，是养鸡取蛋的作用；我们也得承认这和杀鸡取蛋是大大不同了。"

费先生列举这些数据、表达这些观点时，数千年形成的这一循环，已在近百年历史中被打破。他概要描述这一过程说："以前保留在地方上的人才被吸走了；原来应当回到地方上去发生领导作用的人，离乡背井，不回来了。一期又一期的损蚀冲洗，发生了那些渣滓，腐化了中国社会的基层乡土。"

乡土损蚀始于人才流失。人才流失始于教育失当。由传统进入现代，社会需要改造，改造需要新知识。新知识要从教育获得，而偏偏教育上出了偏差。一方面，传授的知识与社会实际需要脱节；另一方面，灌输的观念使学生不愿回去。

费先生在《损蚀下的乡土》一文批评说："现代的教育，从乡土社会论，是悬空了的，不切实际的。乡间把子弟送了出来受教育，结果连人都收不回。"

他举身边事为例，说"今年暑假很多毕业生找不到职业……有一位老师劝这些青年回乡去……他们几乎一致地说：'我们已经回不了家了。'他们依旧挤在人浮于事的都市里，甚至有靠朋友接济过日子。"

《乡土重建》是"观察丛书"第九种，该丛书第二种是费先生的老师潘光旦先生的《政学罪言》，其初版早于《乡土重建》四个月，其中也有对乡村教育问题的讨论。

潘先生对问题的分析似又深一层。他先说起"维新以还，充满着革命论与阶段论的中国"导致教育观念的演变，接着说教育导向的本末倒置——

"我们的教育早应以农村做中心，凡所设施，在在是应该以百分之八十五以上的农民的安所遂生做目的，但是二三十年来普及教育的成绩，似乎唯一的目的在教他们脱离农村，而加入都市生活；这种教育所给他们的是：多识几个字，多提高些他们的经济的欲望和消费的能力……至于怎样和土地及其动植物的环境，发生更不可须臾的关系，使百分之八十五的人口更能安其所遂其生，便在不闻不问之列。"

最后，潘先生说到更严重的问题："近代所谓教育有许多对不起青年与国家的地方。……这种对不起的地方可以用一句话总括起来说：教育没有能使受教的人做一个'人'，做一个'士'。……我以为近代的教育不知做人造士为何物，是错了的，错了，应知忏悔。"

"不知做人造士为何物"的毛病，恐怕一直延续到了今天。不惟延续，且于今为烈。事实俱在，无须多言。

1989 年 2 月 28 日，费先生与当时的国家教委主任李铁映面谈教育问题，费先生说："教育工作第一步是培养怎么做人，其次是做一个好公民。多年来，教育一开始就是重视阶级斗争教育，搞得人与人之间不信任。我们对教育的最低的要求就是教人做人。""教育工作中，根本的东西丢了。……再下去就是方针问题。我们应该有危机感。教育的危机就是民族的危机。……应该敲警钟。否则，混都混不下去。教育是要人去搞的，现在我们培养的人，能够承担二十一世纪的任务吗？"

进入二十一世纪十多年后，有人想起当年费先生"乡土重建"的话题，觉得仍有强烈的现实意义，且更迫切。

客观地看，这确是中国在二十一世纪里的一项根本性的建设工作。

有人似乎少了信心，写文章讨论：乡土还能重建吗？

10 人生的另一道路

他想起了十年前那封信，想起其中说的另一条人生道路。此时，他已确知，自己倾心的田园生活已随世界两次大战而一去不返。中国文化出路何在？至少，该去看看那是一条什么样的路了。

《初访美国》

它们的白天是我们的黑夜，它们的黑夜是我们的白天？它们的黑暗时代是我们的唐宋文采，它们俯视宇内的雄姿是我们屈辱含辛的可怜相？东西的日夜，东西的盛衰是一个循环么？我们有没有一个共同的光明？

生活书店
1946年6月初版
1947年1月三版
印数：1—2000册

费先生先后三本专题写美国社会和文化的小册子中，《初访美国》是第一本。版权页上的标记是："民国三十五年六月生活书店初版"。

如果从这本书开始阅读费先生，大概会首先惊异于作者的超强大脑。一开篇，他就默写出了十年前一位同学写给他的一封长信。

长信默写完毕，费先生接着提出一连串问题，七十年后依旧新鲜，或许更加新鲜——

"我们是维持着东方的传统呢？还是接受一个相当陌生的西洋人的态度？东方和西方究竟在什么东西上分出了东和西？这两个世界真是和它们所处地球上的位置一般，刚刚相反的么？它们的白天是我们的黑夜，它们的黑夜是我们的白天？它们的黑暗时代是我们的唐宋文采，它们俯视宇内的雄姿是我们屈辱含辛的可怜相？历史会和地球一般有个轴心在旋转，东西的日夜，东西的盛衰是一个循环么？我们有没有一个共同的光明？这光明又是否全盘西，或是全盘东？这又会成什么东西？"

费先生写出这段文字，是七十年前。七十年后，巴黎的一个世界文化论坛上，有中国学者在其演讲中重读了一遍。现场的同声传译者能否把费先生借助汉语中"东西"一词的多重含义、讨论东西文化的精妙处如实传递给西方听者？据说很难。但从在场者专注的神色中，仍能看出他们对一位东方思想者的叹服。

从天性说，费先生并不倾向于主动去思索这些问题。他的祖籍和出生地都是苏州，他自己说过："苏州人的理想，脱不出绸长衫、缎子鞋和茶馆里的懒散。对上海的嚣尘，香港的夜市，生不出好感。"

在他默写出的长信中，那位同学也曾记录下费先生天性趋向闲适的证明。

十年前，他们还是燕园同窗。费先生热衷于下乡调查。某次从乡下回到学校，很兴奋地说体会，被同学记了下来——

"夜深了，洋烛都点完了，还不肯住口。你说：每一个人重要的是在知足。文化是客，人生是主；人生若是在追求快乐，他必须要能在手边所有的文化设备中去充分地求满足。满足是一种心理状态，是内在的。像我们的老乡，一筒旱烟，半天旷野里的阳光，同样能得到心理上的平静和恬适。你说你并不一定反对用'开末尔'来代旱烟，太阳灯来代旷野里的阳光，可是若是为了要去创造'开末尔'和太阳灯而终天要关在大厂房里听烦人的机器声，满心存了阶级斗争，人家在剥削自己的心理，那才未免太苦了……"

此话有理。记录费先生这些想法的同学似乎被说动了。此后，他换了生活环境，领略到另一种道理。那是他到了美国之后。他把新环境里的新感受写成一封长信，寄给费先生。《初访美国》开篇处费先生默写的，就是那封信。该信最后说："希望你早一些来这个世界，这个在地球另一面的世界里，我相信会给你看见人生的另一道路。"

十年里，费先生走出燕园，经历了清华园，做了瑶山和江村调查，读了英国的博士学位，在抗战中回国"参加烽火中的讲学"，成了云南大学教授，并在美国政府邀请下代表该校访问美国。

他想起了十年前那封信，想起其中说的另一条人生道路。此时，他已确知，自己倾心的田园生活已随世界两次大战而一去不返。中国文化出路何在？至少，该去看看那是一条什么样的路了。

在《初访美国》的第一节，费先生说："东西文化碰了面，我们那种'知足常乐'的处世之道已带来了毁灭的消息的警报中，有一种踟蹰的苦衷在烦恼我们。我相信很多的朋友们会和我一般，要求一个新的、彻底的翻身，要寻一个凭据使我们从此在现实里接受一个积极为人的态度。……我这个爱好懒散的苏州人，跋涉万里地向地球的另一面出发。……即使我不能改变我三十多年来养成的性格，也愿意用我的性格来反映，对照出地球那一面所表现的人生的另一道路。"

爱好懒散的费先生，为国运计，不得不告别懒散，来看看美国和美国人。行前，他和云南大学学生约定，途中为他们的《生活导报》写访美通讯，随看随写，随写随寄，交其首发。

费先生的第一观感：美国真富！

他说自己在心里画了一幅漫画。一个小花园里，肥健的太太半裸晒太阳，手里药瓶上写着维他命 ABC。一个大肚子男人弯腰种花。家门前停着一辆 Taxi。漫画题目：美国的苦人家。

在纽约四十二街附近百乐大道一家戏院里，费先生从名剧《烟草路》中也看见了美国从前的穷。他曾觉得自己调查过的瑶山佃户是人间最穷苦的，未料在剧中见到了"食和性之外"什么都没有的人。那是曾经的美国人。

这是从蛮荒地带、拓殖时代走过来的人们。"粗放旷达的生活环境养成了他们独来独往，不卑不亢，自负骄傲，耐苦耐劳的性格"。

费先生受到启发。"若忘记了美国的历史，被暴发的都市文化挡住了视线，我们会误解美国的国民性"；"要认识美国，不在他外表的耸天高楼，而是在他们早年的乡村里"。

从这个角度说，美国历史"是一部不靠祖宗余荫，靠自己，不买账，拼命、刻苦创造出来的记录"。"不怕承认自己的贫穷，不接受贫穷，恨透贫穷，最后才能克服贫穷。美国原是苦人的世界，在这世界里苦人变成富人了"。

费先生把观感写给《生活导报》时，没有忘记提醒说："我们在东方看他们，千万要记住，他们人民生活程度的提高是他们努力劳动的报酬，不是天，也不是人，送给他们的礼物。"

写的事情在美国，话则说给中国人听。

有费先生供稿的报刊是幸运的。多年后，储安平创办《观察》杂志，作者群皆时贤，仍觉得费先生是难得的快手。有费先生，便有读者喜闻乐见的文章。

费先生之"快"，有"好"作前提。其好既来自文笔，更来自眼光。他从美国人拓殖生活中看出了富裕的来路，也从其拓殖时代看出了民主制度的起源。

《初访美国》的十七个章节里，话题一再涉及民主精神。在"自由之邦的传统"一节，费先生说："民主不是从理论里产生的，而是从生活需要里发芽，长成的。……美国的民主基本上就是这种拓殖时代养成的精神。"在"民主的沉睡"一节，费先生分析"美国民主政治不能充分实现的原因"，说到"选民弃权"，分析道："平民政治并不是无产阶级专政，在平民政治中是可以包含资本主义、可以容忍而且培养私人企业……美国是在试验这一种节制资本以保障平民的经济组织……"

费先生也是幸运的。他这次受邀访问时间长达一年，故带了自己主持的云南农村调查课题相关资料，打算编写成英文著述在美出版。芝加哥大学为此约他前往。他如约到校，被工作人员领到社会科学大楼 502 号房间。那是校方为他准备的书房。

不期而遇的巧合。门上铜质方格里，是"帕克"名字的标牌。正是费先生美国老师的工作室，芝加哥学派社会学派大本营。当年燕园里，帕克把费先生和同学们带出了教室和书本，走向社会真实，鼓励他们体验多种生活。费先生一直记着他的主张，躬身实践。

其时，芝加哥很冷，帕克教授到南方去了。费先生得以享用其工作室，大口呼吸其中的学术空气。

"私心窃喜，在他常坐的椅子上，一定会得到一点他余下的灵感……这里似乎有一种历史的因缘。目前的情境因过去的纪念而发生了超出于一切之上的意义。我坚持着不要把门上的名牌取下，我需要具体，生动，活着的历史。我感觉到这门牌，这些围在墙壁上的旧书架和架上的书，甚至这屋内的空气，都动不得，在这一切活着的过去里，我看到了在几个月之后，在桌上可能有的那本 *Earthbound China*。动一动，一切可能都会完了。"

这段文字里，从感觉到语言，都带有明显的费氏特征。他说的 *Earthbound China*，是他的英国老师马林诺夫斯基在他写出《江村经济》后为他确定的下一本书名。从空气中嗅出学问，也是马林诺夫斯基启发他求学之道的教诲。更有趣的是，三年后，费先生重访英伦，同样到了著名的马林诺夫斯基工作室。

或许和 *Earthbound China* 这个题目有关，或许要更深一层，和马林诺夫斯基寄望费先生承担的人类学终极使命有关，或许，即便把这些因素都抛开，费先生还是会宿命般地去思索，东方和西方之间，"我们有没有一个共同的光明"？

《初访美国》最后一个章节——"余笔"，稳稳落在这个话题上。

费先生说："经过了这次战争，大概没有多少人会觉得还能闭关自守，也大概不致再有人会因怕家丑外扬而有意阻碍国际间相互的了解了。可是，一直到现在为止，却还没有任何专门的机关和专门的人来担负分析文化和促进文化间相互认识的责任。……战争给我们明明白白看到的就是我们对于怎样毁灭的知识长进得实在太快。……我们实在只有用同样的努力去发展可以促进人类合作的知识。……我怎能不心急呢！我们这一代处在历史的考验里！"

从美国回来，彼岸的富裕和民主，故国的战争烽火，把天性懒散的费先生变成了一个心急的人。从此直到天年，无论顺逆浮沉，他再也没有消停。

其中，从"反右"到"文革"结束的二十多年里，费先生没有条件写"正经东西"，心里压着的急切似没有停止发酵的过程。直到1980年其右派问题得到"改正"，最好的年华已付东流。很多过来人忙着写"伤痕文学"，回首那些不堪回首的日子。年届古稀的费先生却用"最先下水，最后出头"表达了自己的紧迫感，更明确表示："哪有时间去回味那些酸苦？"他说自己"只有十块钱了"，意思是还可指望有十年工作时间。

他当众表示，要用最后这十年"夺回失去的二十年"。

还是当年那句话——"我怎能不心急呢？"

11 世界缩小得太快

作为一名人类学者，因他人提供的标本而受益，属于「学」。费先生主张「学以致用」，「用」在何处？曰：为他人提供标本。

《美国人的性格》

为什么中国会有这些人，为什么这些人会在这紧要关头把我们的船触礁在混乱的水里？

华东师范大学出版社

2013 年 7 月第 1 版

2013 年 7 月第 1 次印刷

这是费先生的一本读书札记。借人家言，说自家话。

美国人类学者玛格丽特·米德（Margaret Mead）写过一本 *And Keep Your Powder Dry*，1942 年美国首版。后来，英国企鹅丛书主编看中该书，纳入麾下，更名为《美国人的性格》（*The American Character*）。

这类题目，费先生大有兴趣，更乐意有机会实地察看、体会。

正巧，1943 年 6 月，云南大学派他出访美国，系美国国务院所邀，中国政府官方派遣，共十位教授。

陈布雷代表中国官方说："这是第一次由外国政府正式邀请中国教授去讲学，所以政府很重视这件事。"

行前，蒋介石与费先生个别谈话，问他读什么中国书。费先生答：不读中国书。蒋说：要多读读中国书。

事实上，费先生对中国书不算陌生，早年圈点过《史记》、《庄子》等古籍，对范仲淹、魏源、龚自珍的文章，也都下过相当的功夫。

这次赴美学术交流，历时一年。费先生见过玛格丽特·米德教授，知她是同行，在哥伦比亚大学讲人类学。米德教授的丈夫格雷戈里·贝特森（Gregory Bateson）也是一位人类学者，为同费先生多作交流，待费先生一行回国后，曾专程从印度赶到昆明，与费先生作三日长谈。

费先生却一直没能读到米德教授那本《美国人的性格》。他只是知道，那是"一本美国人写给美国人读的分析美国人性格的书"。

何以不易看到该书？费先生想过——"战时纸张缺乏当然是一个主要的原因，所印的书不多，销完了也就难于再印。但是普通人不喜欢看并没有恭维自己的传记的心理，也许也有一点关系。"

这意思大概是说，米德教授这本书里没怎么专说美国人的好话。

1946 年 7 月 11 日和 15 日，李公朴、闻一多先后在昆明遭暗杀。费先生也在黑名单上。美国领事馆派车把他和潘光旦、张奚若、楚图南、潘大逵、尚钺、冯素陶等"民主教授"接去，先保护起来，后转至南京。

费先生的英国朋友闻知此事，为助他脱险，设法邀他赴英作学术交流。费先生欣然就道。

这次"重访英伦"，费先生有闲暇在伦敦逛旧书铺，偶然淘得《美国人的性格》，不能不说有点缘分。

回国航程中，费先生读毕该书，清偿了夙愿，也生出一点遗憾——1946 年 6 月在生活书店初版的《初访美国》一书，写得有点早了。动笔之前，该先看看米德这本书。

回到国内，主持《观察》杂志的储安平多次约费先生写稿。

他打算译出《美国人的性格》，以偿文债。转念又想，毕竟是一本美国人写给美国人读的书，逐字译出，会让国内读者觉得隔膜，"不如依这书的见地重写一道"。

始下笔，费先生尚能遵从作者原意，再往后，"笔头却走远了，远到和原书相差太多"。他觉得，如此写去，说是编译，对不起原著；说是写作，不免掠人之美。这样一种介于翻译和写作之间的文字，如果一定要有个说法，只能叫"读书札记"。好在写这本书不是为了自己得个什么名分，只"希望读者在这本小书里看到一个社会结构的标本"。

"标本"之用，费先生最迟在燕园求学时已开始体会。

美国老师帕克带他现场访察的天桥、监狱；中国老师吴文藻鼓励他实地研究的社区；俄国老师史禄国指导他分析的人体数据；大瑶山里的花篮瑶村寨；开弦弓村的农民生活；英国老师马林诺夫斯基笔下的《西太平洋上的航海者》（*Argonauts of the Western Pacific*），直到美国同行米德教授笔下的《美国人的性格》……对费先生来说，无不具有标本价值。这些标本的存在，使费先生得有机会接触和了解"各式各种的文化形态"。

作为一名人类学者，因他人提供的标本而受益，属于"学"。费先生主张"学以致用"，"用"在何处？曰：为他人提供标本。

费先生一生写作不辍，究其动机，不妨说"提供标本"。

1928 年，费先生还是东吴一中的学生。是年正月初二晚，他写下《年终》一文，其中说——

"在这荆棘漫漫的人生道上，随处都给你看见许多值得留意的事情，同时启示你了宇宙人生的意义。我这愚蠢的笔，固不能在道上随处记出一些给后面很努力赶来的同类们作一些参考，但是我却又不愿这许多值得留意的东西，在未经人注意的时候，随着无名无声的浪花流星般的熄灭。我自己认为这是我唯一的责任。"

不妨说，这是费先生标本意识的早期表达。留心其此后各个时期的文字，不难看出一个"时代书记员"的高度自觉状态。

写《美国人的性格》之前，费先生已写过《初访美国》。他说过，虽自觉对美国认识还浅，本该藏拙，却"似乎有一种责任心推着"，当"做自己觉得并不能胜任的事"。

这种责任感，只说是要帮助同胞了解美国，似不够。《初访美国》"余笔"中，说到一个绝大的问题——不同文化怎么打交道。

费先生说："在这门户洞开、瞬息可至的小天地里，人们的生活自然会密切地像在一个家里一般：痛痒相关，休戚相系。……世界缩小得太快，快到我们心理上竟赶不上有此准备。"

这段文字，写于1945年8月，世界反法西斯战争临近结束。费先生见微知著，预言了战后迄今七十余年里一种日见显豁的国际关系趋势。

只因欠缺心理准备，"天下一家是个外形，内里住着的还是小门墙隔开着，各自起炉子的多房媳妇。我们传统的大家庭很有点像这时代世界的缩影。身世不同、互不了解的妯娌们，偏偏要住在一个家里，经营共同生活，于是误会、口角、骂街都是免不了的日常事务了。大家庭还可以分家，兄弟阋墙，至多也不过是断绝往来。这个天下一家却分无可分，逃无可逃，因之更麻烦了。"

对这麻烦，费先生有预感，有体察，有近忧，有远虑，与他在美国的一段特殊经历分不开。

为期一年的美国访学中，他曾到几所大学专为军队开设的区域训练班讲课。总括讲课内容，费先生称作"文化介绍"，即针对某一特定区域，请来地理、历史、文化、社会等方面的专门人才，作出全面讲解。

费先生说，美国政府很明白，在全球范围内进行战争，不能没有当地民众的合作。无论战时还是战后，作战者必须对战区民情有深入了解，方利于战时取胜及战后重建。

文化介绍实务，说着不难，做着不易。费先生有体会，介绍不应是宣传，而应是分析。宣传是鼓动，是为激发感情，或爱好，或憎恶。分析则应依据知识，增进了解、理解，超越好恶，而入于理性。故，分析所要求于人的，是较高标准，须依据全盘事实。对全盘事实的了解和把握，谈何容易？

一个最简单的事实，是讲者和听者来自不同文化，兴趣点各异。自己想说的，未必是对方想听的。对方成问题的，往往是自己觉得极为平常却从未注意过的地方。比如中国人吃饭用筷子，从小习惯如此，故而习焉不察。美国朋友问其中道理，自己反而不易说得明白。

写《美国人的性格》前后，费先生常在《大公报》、《自由论坛》、《时代评论》、《世纪评论》、《观察》、《中建》等报刊发布时评、政论，享有非凡的国内外声誉。

《大公报》把他列为十六位名作家之一，其照片与胡适等人并列于头版；美国《纽约时报》说他是"中国最杰出的政治分析家"；《时代周刊》称他为"中国最深刻的政治评论家之一"。

即便如此，费先生仍感觉其"文化介绍"工作力不从心。所以还愿意写，无非是被人类学者的应有责任感催迫，"愿冒着别人的指责而发表这种印象性质的介绍文字"。他坦承，自己的初衷并非完全是介绍西洋景，而是希望引起读者分析社会和文化生活的兴致，并用同样的兴趣认识自己，了解自身文化。

《美国人的性格》完成于1947年夏，其时抗战结束，内战正紧。1946年初的政治协商会议本已展示出和平建国前景，却又打起了残酷的内战。费先生当时加入了民盟，民盟文献中曾有这样一段议论——

"今者国共两党正在进行中国历史上空前激烈之内战，一地之争，杀人盈野；一城之争，杀人盈城。烽火遍大地，膏血涂原野；虽历年内战，无此规模，更无此残酷。在此兵连祸结之情形下，犹谓国共双方代表能平心静气，共聚一堂，以讨论国家基本大法，宁非幻想。"

这段文字写于 1946 年 9 月 30 日，是民盟政协代表就国民党单方面召开国大之事致电蒋介石的部分内容。

1947 年夏天里的费先生，笔下书写着美国人的性格，心里想着中国的战事。他把问题写入《美国人的性格》一书"后记"——"为什么中国会有这些人，为什么这些人会在这紧要关头把我们的船触礁在混乱的水里"？

费先生认为，本有可能避免的内战，终于没有避免，其中原因足以令人深思。不能说是中国人命运不好，或是偶然被一辈群魔所害，而是"我们积累下的文化和这个现代国际局面发生了冲突"。

熟悉费先生著述的人，可能会联想起他写在《乡土中国》一书名篇《差序格局》里的那段话——"中国传统社会里一个人为了自己可以牺牲家，为了家可以牺牲党，为了党可以牺牲国，为了国可以牺牲天下。"

把这段话和"我们积累下的文化"这句话放在一起，可以领悟，费先生在这里谈的不是政治，而是文化。

由此出发，费先生提出了一个到今天都一点也不过时的课题——"我们对于自己文化的传统，处境，和发展方向是必须要有一个全盘清理一次。"

这段话写于 1947 年 7 月 11 日，迄今七十年，"全盘清理"似仍待时日。

12 — 我怎能不低头呢

费先生享寿九五，一生起伏动荡，少年早慧，青年成名，中年成器，盛年成「鬼」，晚年成仁，暮年得道。其早年心志一以贯之，直达生命终点；其文风却在中年时期发生明显变化，标志性著述是《我这一年》。

《我这一年》

这成千上万的人，无数的动作，交织配合成了一个铁流，一股无比的力量。什么东西把他们交织配合的呢？是从每一个人心头发出来的一致的目标，革命。

生活·读书·新知三联书店
1950 年 8 月初版
1950 年 12 月第四版
印数：19001—39000 册

1987年10月，费先生和美国纽约市立大学亨特学院人类学教授巴博德（Burton Pasternak）做过一次长谈，直抒胸臆六个小时。

巴博德教授促成这次谈话，"从有关费孝通成为人类学家的传记式的回忆开始"。费先生第一句话是："我想我的文风基本上是20年代在苏州上中学时形成的。"

文风须自文章出。费先生1920年代所写文章，可在《费孝通文集》第一卷读到，有十九篇，约四万字。文风可感，心志也在其间——《圣诞节续话》说，要"认识人类究系何物"；《年终》说，要做人生见闻的记录者。

费先生享寿九五，一生起伏动荡，少年早慧，青年成名，中年成器，盛年成"鬼"，晚年成仁，暮年得道。其早年心志一以贯之，直达生命终点；其文风却在中年时期发生明显变化，标志性著述是《我这一年》。

《我这一年》一书之前，读者是从《江村经济》《乡土中国》、《初访美国》、《民主·宪法·人权》等著述熟悉费先生文风的。其中有的书初版后，因文字深入浅出，脍炙人口，短期里一再加印，读者喜闻乐见之状，不难想象。

若其中文风能绵延始终，不知皇皇十几卷《费孝通文集》会是怎样亲切可人又深邃广远的风景。事实上，1940年代末的社会剧烈变动，导致费先生文风陡转，进入另一状态。

《我这一年》一书首篇，是《我参加了北平各界代表会议》，写于 1949 年 8 月 31 日。说是"各界"，货真价实，费先生在会场里见到五行八作的代表。仅服装，就有"穿制服的，穿工装的，穿短衫的，穿旗袍的，穿西服的，穿长袍的，还有一位戴瓜皮帽的"。这些一望而知不同的一众人物，聚在同一个会场里，一同讨论公众事务，费先生还是头一次经历，印象深刻，不由动容。

此前，费先生另有一次经历，印象似更深刻，乃至动心。

1948 年年初。他随张东荪、雷洁琼等前辈人物去河北西柏坡，如此记录沿途观感——

"卡车在不平的公路上驶去，和我们同一方向，远远近近，进行着的是一个个、一丛丛、一行行，绵延不断的队伍。迎面而来的是一车车老乡们赶着的粮队，车上插了一面旗，没有枪兵押着；深夜点了灯笼还在前进，远远望去是一行红星。——这印象打动了我，什么印象呢？简单地说：内在自发的一致性。这成千上万的人，无数的动作，交织配合成了一个铁流，一股无比的力量。什么东西把他们交织配合的呢？是从每一个人心头发出来的一致的目标，革命。"

费先生说，西柏坡之行，给他一记"当头棒喝"。革命的力量，已经赶走了装备精良的敌国敌军，接下来，"同样会把中国建设成为一个在现代世界中先进的国家"。"当我看到和接触到这个力量时，我怎能不低头呢？"

触景动心，甘愿低头。这是费先生文风变化的心理基础。

他把这种真实心情写进《我这一年》一文。

为读者明白"低头"的意思，费先生特意说起"旧时代的知识分子……自大的心理"。从自大到低头，心理变化带来语言变化——"中国资产阶级的懦弱无能"、"小资产阶级知识分子不肯低头"、"传统知识分子是唯心而且是不辩证的"、"只有在'为人民服务'的过程里才真的说得上改造"……这类费先生称为"挂红"的表述，如此密集出现于其文，前所未有。

《我这一年》一文中，"知识分子"一词先后出现十四次，其中十二次属于贬义或否定性表述，两次勉强属于中性概念。费先生自知属于这个群体。1949年新政之后，对这个群体要做强力改造。对改造，费先生表示认同，"恨不得把过去历史用粉刷在黑板上擦得干干净净，然后重新一笔一笔写过一道"。

费先生这一年里发生的变化，在当年知识分子里并不少见。

梁漱溟是他亦师亦友的前辈，曾在1950年10月1日的《进步日报》发表文章，题为《国庆日的一篇老实话》。该文若改题为《我这一年》，也相当切题。

梁先生开篇就说："去年今日开国盛典，我还在四川北碚；今年我却在北京了。"接着，他讲了自己在这一年里的思想变化。

开国大典，梁先生本有机会躬逢其盛，他写信给毛泽东、周恩来，声明不去。这是他"从1946年秋到1949年冬……

一直闭户不出"的延续。其闭户原因，是一次高层政治协商中的冲突，导致他断然辞去民盟总部秘书长职务，退出民盟，离开党派政治，关门写作，即便开国大典的邀请，亦谢绝不至。

固执如此，一年之间，梁先生对新政权的看法大为改观，变化来自其将近半年的国内游历。1950年4月初到9月中旬，他先后行经平原、河南、山东、察哈尔、热河、绥远、黑龙江、吉林、辽宁九省，观感非凡，以白纸黑字为证。

梁先生说："我体认到中国民族一新生命确在开始了……过去我满眼看见的都是些死人。所谓'行尸走肉'，其身未死，其心已死。大多数是混饭吃，混一天算一天，其他好歹不管。本来要管亦管不了，他们原是被人管的。而那些管人的人呢，把持国事，油腔滑调，言不由衷，好话说尽，坏事做尽……可怕的莫过言不由衷，恬不知耻；其心死绝就在这里。全国在他们领导下，怎不被拖向死途！今天不然了。我走到各处都可以看见不少人站在各自岗位上正经干……大家心思聪明都用在正经地方。在工人就技艺日进，创造发明层出不穷。在农民则散漫了数千年，居然亦能组织得很好。这不是活起来，是什么？由死到活，起死回生，不能不归功共产党的领导。共产党大心大愿，会组织，有办法，这是人都晓得的。但我发现他们的不同处，是话不一定拣好的说，事情却能拣好的做。'言不由衷'那种死症，在他们比较少。他们不要假面子，而想干真事儿。所以不护短，不掩饰，错了就改。有痛有痒，好恶真切，这便是唯一生机所在。从这一点生机扩大起来，就有今天广大局面中的新鲜活气，并将开出今后无尽的前途。"

这段文字，见《梁漱溟全集》第六卷第854—855页。

梁先生大心大愿，当年创建民盟，是为国；退出民盟，也是为国。既然国家能被一个政党治理得政通人和、清风拂面，当然该说其好话，彰其功德。

费先生内心、文风之变，与梁先生同理。作为一介书生，他抱定以所学知识为民众福祉服务的志向，清楚地表达于著述，体现于实践。如有政党能切实带来民众福祉的增进，当然该赞同其主张，配合其步调，哪怕自己会不习惯。

1949年秋季，清华大学开始开设政治课，俗称"大课"。全校学生、部分教师和职员工友一起听课。费先生时任该校副教务长，负责"大课"的组织领导工作，一边张罗邀请合适的教员，一边要消除一些知识分子对"大课"的反感。

针对"大课是思想统制"的说法，费先生写文章《我们的大课》说："习惯和思想的改造必须是自觉自愿的，所用的方法也必须是民主的……每个人都可以充分自由发表意见……谁都不应当给人扣帽子……马列主义不需要用权力来压制人家，只有非真理的教条才不能不用强制。改造思想和镇压反动派是完全不同的。改造是为了团结，在民主方式下改造自己，和思想统制本身刚刚相反。"

这段话很有意思。费先生内心有变化，文章题材有变化，文风有变化，可以说，变化很多，很大，同时也有不变的东西，原则的、基本的东西，比如对民主的信仰和追求。知识分子即便改造，也应是民主的改造，而非强制改造。

费先生说："我们知道民主这个名词已经三十多年，我追求要了解民主也已经有六年多，但是所得到的还是似是而非的东西。"他在警惕"似是而非"。他知道自己和共产党的合作是真诚的，故愿意说出真实的想法——

"解放以来，我对于共产党钦佩的地方是苦干、负责、谦虚、有办法、不怕麻烦。我爱它，因为许许多多我熟悉的，我爱好的青年朋友，在共产党领导之下，个个都拼命地工作，中国有希望了。共产党为人民服务已在我眼睛面前完全证实了，但是……要实现民主，我很老实说，在参加代表会议之前，我是不太敢相信的。"

当然，会上，他见证了。会后，他相信了。《我这一年》一书可做证。

13 — 干校家书

在田野里劳动时，呼吸万里，感到人生很真实。密集的团体生活对人的表现也容易体悉，深刻得多，是活小说。较之旧生活，似乎更有意义。

《乡土足音》

张冠生 著

乡土足音
——费孝通足迹·笔迹·心迹

群言出版社

　　这二十二封费先生书信经整理后，以《干校家书》为题，作为《乡土足音》一书的附录，于1996年首次公开发表，成为普通读者可见、研究者可用的费先生自述"文革"经历的稀有史料。

群言出版社

1996年8月第1版

1996年8月第1次印刷

印数：1—5000册

第一卷（1924 — 1937）36 万字；

第二卷（1938 — 1941）40 万字；

第三卷（1941 — 1946）40 万字；

第四卷（1946 — 1947）36 万字；

第五卷（1947 — 1948）42 万字；

第六卷（1949 — 1956）40 万字；

第七卷（1957 — 1980）38 万字；

第八卷（1981 — 1982）39 万字；

第九卷（1983 — 1984）41 万字；

第十卷（1985 — 1986）42 万字；

……

这是群言版《费孝通文集》前十卷各卷字数的简单罗列。

以第七卷为界，隔开了费先生两段学术生命。第一段的写作高峰期，反映在第四、第五卷，每年著述 40 万字上下。第二段写作相对均衡，从第八、第九和第十卷看，每年著述也在 40 万字上下。

前十卷中，最引人注目的是第七卷。二十三年里，费先生留下不到 40 万字。

这段时间，从"反右"开始到"文革"结束，费先生的右派问题得到"改正"。

这段时间，费先生的生花妙笔不复生花，很多时候用来书写自诬、自侮、自污的文字，检查、检举、检讨，不知几多。

二十多年，怎么熬过来，恐怕只有费先生自己清楚。读者想知道，只能从其文字中来，偏偏他极少回忆那段伤心史。

偶见几句费先生的当年文字——"我上一次给你的信，你看了或者会觉得我太乐观了一些，乐观一些也好，不作杞人忧天，原因是忧天何用，要忧的话可忧者太多。忧来忧去又怎样呢？"

可见，熬过那二十多年，乐观心态或起了不小的作用。

这是费先生所写家书中的几句话。文字中的"你"，是其长兄费振东。该信写于1971年12月19日。所说"上一次给你的信"，写于一周前的12日。

其时，费先生受"文革"冲击，于1969年秋离开北京，去了湖北潜江的中央民族学院五七干校，接受所谓劳动改造。他靠书信和长兄保持联系，表达亲情，交流各自境况和想法，是那个年月里难得的心理慰藉。

"文革"尚未结束，费振东就过世了。他珍存的幼弟家书用报纸包着，家人发现后打开，共有二十二封。信的落款多数只署某日，少数几封有月份，从无纪年。幸家人知情，依据书信内容推断出年份，起讫日期大致是1969年底或1970年初到1972年夏，前后相续近三年。

这二十二封费先生书信经整理后，以《干校家书》为题，作为《乡土足音》一书的"附录"，于1996年首次公开发表，成为普通读者可见、研究者可用的费先生自述"文革"经历的稀有史料。

《干校家书》序号"第一封"的第一句是"好久没有给你去信了"。显然，费先生写给长兄的信实际多于《干校家书》所收录者。

费先生在艰难时世中的乐观，"第一封"中已见端倪。他告诉长兄："我们自己挖的井，已经供水，自己喝上了。自己修建的房子部分也已经有人住入，所谓立竿见影，确是如此。群众发动了，大家动手，问题是能解决的。"

说到自己的情况，费先生说："我自己是什么都行，不致有大变化，小的麻烦我是能受得住的。身体健康似无问题，和革命群众相处也可以过得去。劳动关、生活关都过得好好的。"

言及此，费先生的语调轻松起来——"来信附吴公赠诗，年老志逸，风韵不减当年，同感良多，恨不能酒，未能体会微醉之境耳。"

类似的情绪，在费先生后续的家书中多次表露。

"第五封"说："这几天已开始'学农'，在大田里劳动。又逢到几天好天气，麦浪浮动，新犁的等待下种的玉米地和棉地，一片细土。还有拖拉机日夜在大片地上转动。我们忙着开沟平地，百多人一小群一小群地散布在广阔平整的田野里，这一切都给人以很新的印象，胸襟宽畅。"

　　费先生写到"第八封"的时候，已基本忽略了落难之感——

　　"进入中伏后，温度逐日上升，今天已到40度……在大田里，还有点清风，比了闷坐在户里爽气些。汗反正不断，茶水送到田头，周身汗洗，想来是健身良方。'短衫汗透迎浆水'更觉切情了。露在衣衫外的皮肤已黑黝黝地如非洲人士，很多人光了上身劳动……"

　　打井、盖房子、耕种、收获……样样自己动手，大概是费先生从未经历过的。基本作为一个体力劳动者的生活，他过去很难设想。

　　从北京的高等学府，转移到乡下干校、田野，是被迫的，强制性的。"文革"中，费先生经历了大量的被迫与强制事件。社会突然失序混乱，个人命运瞬间颠倒，知识分子斯文扫地。他感到茫然、无望、屈辱、悲愤、绝望，想到过自尽。后来自己确定了"逆来顺受，避风躲雨，少惹是非，力求自保"的原则，才有从学校到干校的转换。

　　日复一日的农事劳动，费先生借消耗体力调整心情，逐渐恢复积极主动的心态，成了一个保持乐观情绪、保持智力活动的体力劳动者。甚至，社会学者的感觉也回来了，说"在田野里劳动时，呼吸万里，感到人生很真实。密集的团体生活对人的表现也容易体悉，深刻得多，是活小说"……

　　依据《干校家书》所述，费先生在干校经历的劳动工种有盖房子、洗石灰、守仓库、开沟平地、种棉花、种玉米、放羊、看青、帮厨做饭、分发报刊等等。其中仅种棉花一项，又有种植营养钵、大田补种、间苗、定苗、除草、松土、打药、打枝、打叶、收棉等。

彼时，费先生年届花甲，"劳动半天，一点也不觉得累，嘴都不干，半天不喝水都行"。更有甚者，其食欲之佳，令人称羡。据家书记述，一次吃饭，粉蒸肉、牛肉等，诸多肉食被费先生一餐而尽，同室者惊讶之余，皆表折服。

干校的日常生活，费先生自己调理得张弛有度。集体劳动，他边干活边留意团体生活，当"活小说"看。休息日里，他写几页家书，洗一通衣被，冲个热水澡，吃一碗大肉面，下几盘棋，骑两小时自行车……其间快意不难想见。

即便提水和泥、抟土做灶，费先生也从土作手艺上体会了类似早期人类制作陶器时的喜悦心情。

"此间乐，不思蜀"——这是费先生在家书中告诉长兄的话。其"乐"来自对一己沉浮的超脱。若要说到国家沉浮，他就很难"乐"了。

二十二封《干校家书》中，十四封都谈到当时的政治运动。干校本来就属于政治性很强的机构，再加"文革"因素，运动一浪接一浪，讨论揭发会、大字报、斗争会、报告会等等，谁也躲不过。

费先生当年在运动中不能不写的大字报、小字报、广播稿、讲用稿，或早已随风飘逝，其家书中对当时政治运动的描述、分析、议论却保留了下来。他的政治感觉超常敏锐，能从报刊消息、时事报告中捕捉到更深层的信息，写家书时心情放松，时有妙论。

对国内政局和国际时局的议论、判断、预言，是《干校家书》中值得细看细品的重要部分。

对当年国际注目的"乒乓外交"，一般注意的是国际影响，费先生却能从国际大事延伸到自身命运可能发生的变化，他分析说：

"'乒乓外交'的背景也比较明确了，主要是在增加对'西方'的接触，看来是会很快增加起来，这是一个意味深长的斗争。由于这个新形势，国内的各方面都会起很大的影响。其中也就包括了像我这一类人的处理、对待和使用的问题。再配合了'出版'方面透露出来的要求，对知识分子、文化事业都得有一系列具体的政策。有一句话很令人深思。'封是容易的，启封却困难了'。把过去历史一概否定是省事的，要联系起来却是问题重重了。大批'极左思潮'就是为此作思想准备，而要在人们的感情上扭转过来就不是件易事，对文化、对书籍是如此，对人就更难了。……我自己的思想却是'此间乐，不思蜀'，这里的日子实在好过。要是大多数文化人士俱有此想法，那就是个很大的问题了。"

对"乒乓外交"的国际影响，费先生提出了一个有趣的说法——"新三国演义"。他把握世界格局，妙语连珠——

"天下大势逐步显形，在我是远交近攻，抑敌于苗。前指美苏，后指日本。对方是近围远吊，以共制共。前指苏印日的联合，而美退居后方。后指美欧合作搞东欧，用中国牵住苏修。此乃最近显形的大略。三国都感孤立，都感压力，都出于不得不突破现状。……新三国演义中，我占人，苏占地，美占天。天者历史之余威。地者背靠地极，出可攻，退可守。人者意识形态的先进。三者各有所长，骄者败。最近十年中风云变幻当层出不穷，大有可观。……中美建交问题似乎成了应有笔墨。……基辛格的'胃病'经过扎了一针，也就可以止住。病痛转移到了勃老的头上。柯西金草原骂街，铁托翘翘尾巴，看不出克里姆林宫有什么牌好打。……扬基失了东南亚，又赔上一个台湾，北极熊孤立得发慌，有点热石头上蚂蚁。东方出了巨人，急得周围小百戏团团转。现在是要看下一回。"

兄弟家书如此三年，类似段落多多。用费先生的话说，大有可观。

14 重访美国

三十五年后，古稀老翁阅世已深，访期月余，闻续写之请，不由想起一句西谚：「到过一天的地方可以说上一辈子，住了一辈子的地方连一句话也说不上。」

《访美掠影》

现在这个世界有一点成了《封神榜》里祭法宝的局面。强弱之分，不在蛮干比力气，而在斗智。

生活·读书·新知三联书店

1980年2月第1版

1981年9月第1次印刷

印数：70001—80000

费先生专题写美国社会和文化的小书，这是第三本。

《初访美国》和《美国人的性格》先后写于1945年和1947年，正值"二战"结束前后。那时中美两国同属反法西斯战争同盟国，以飞虎队为标志，情谊非凡，同属战后世界强国。

待中国新政权建立，外交政策作重大调整，中美关系急转直下，立时分属冷战中两个阵营，进入对峙状态。先前的正常学术交流渠道被堵死，费先生与美国学界的联系亦被迫中断。

彼时，费正清的学生阿古什写博士论文，选题是费先生传记，直到完成，尚不知费先生是否在世，可见两边信息隔绝到什么程度。

1980年，费先生有机会重访美国。有人记起其《初访美国》当年"在西南大后方曾流行过一时"，吸引了不少读者，便约费先生续其前缘，再写一本《重访美国》。

两次美国之行，相隔三十五年。费先生说自己"三十五年前还是东华一小生，年华正茂，现已饱经风霜，垂垂老矣"。

东华小生当年雄心勃勃，才华横溢，访问为期一年，敢写"初访"。三十五年后，古稀老翁阅世已深，访期月余，闻续写之请，不由想起一句西谚："到过一天的地方可以说上一辈子，住了一辈子的地方连一句话也说不上。"想及此，费先生虽宝刀不老，却不敢写"重访"，只能退而"掠影"。

最先出现的影像，是故人情感。

这次联合邀请中国学者访美交流的机构，是美国学术团体理事会、美国社会科学研究理事会和美国科学院。费先生三十五年前的访问，加上其名著 *Peasant Life in China* 和 *Earthbound China* 在西方学界的流行，使他拥有很多同道朋友。

费先生学的是社会人类学，在国外被认为身兼两科。在美国多数大学，人类学和社会学各自设系，学术交流中，他的任务往往是双倍的，为此要见更多的学者，作更多的演讲、讨论与答问。

进入讨论之前，每每先经历情感冲击。费先生说，久别重逢的旧友"一见面有的甚至含着泪，拉住我的手久久不肯放"。当令的后辈学者虽系初见，多从其导师口中久闻大名，自然也有特殊的亲切感。

这次和费先生一起访美的，还有宦乡、钱钟书等人，均有重名，算得"上宾"，对方也隆重，要对等，事事都有人安排。如此当然有诸多方便处，但在接触范围上也就有了限制。

费先生素来不习惯客厅风雅，学究派头，他生性亲近基层社会，乃至底层。在国内，到国外，一向如此。走到哥伦比亚大学一站，既定演讲结束后，他向相熟的一位人类学教授要求，至少带着他去坐坐地铁。

三十五年前，费先生在哥伦比亚大学待过一个月，住的地方较远，每天坐地铁到校工作。当时票价五分钱。这次乘坐，票价涨到五角。费先生带着"货币贬值"的感觉进站后，立时被车厢四壁的大量涂抹所吸引。

"它所反映的社会问题究竟是什么？"费式敏锐立即被勾了出来。

美国社会的多侧面影像如万花筒镜像，被摄入费先生的瞳孔、大脑。

"两个'皇后'的下场"，是"玛丽皇后"、"伊丽沙白皇后"两艘豪华海轮在后起的发达运输系统中风光不再；

"车、油、路的三位一体"，促成"美国当前那种像蛛网般覆盖全国的平坦宽阔、四通八达的超级高速公路"，为美国装上了轮子；

"殷实之家"的主人，得益于汽车和公路的发展，形成了新型的郊外住宅区，以农村为理想居住环境，改变了美国城乡面貌和观念；

"新型市场"的兴旺中，顾客进门后只需把购物清单交给售货员，售货员按清单录入计算机，顾客便可到交货部门去付费、领取；

"一种新的社会纽带"中，电子系统已经成为美国社会集体行为的集结方式，"一种新型的社会集体正在形成"。

在匹茨堡大学社会学系，费先生特意体验了电脑在学术研究工作中可以提供的便利服务。

考虑费先生的研究方向，主人向电脑提出，要检索最近三年内研究中国农村家庭问题的重要文献。电脑屏幕上随即显示出所需文献、文章题目、作者姓名、发表期刊及其期次、页码。主人继续提要求，查看既定文献的内容提要，电脑屏幕瞬间呈现该文献提要。看过提要，若觉得确有参考价值，想带回细读，便可按键表示要求，电脑根据指令，会把该文献提要打印出来。

费先生大为感慨。他说："我自己要想写一篇文章，要引用一次自己明明记得的资料，为了要核实一下，去图书馆借书查阅，不知要花多少唇舌，多少时间。有时生了气，文章也吹了。如果我们能像美国学者有这样方便的条件，那该可以节省多少工夫！"

对兰德公司的造访，使费先生对计算机系统的关注转回社会科学在社会变迁过程中应该发挥出来的指导功能。这是他四十多年前在《江村经济》中讨论过的话题。

当时，兰德公司正承担一个政府课题，即测定联邦政府医疗补助计划的实际效果。这项计划规定，贫困线下的美国居民有了疾病，可以得到政府补助，到公立医院诊疗。依照法律规定，政府支出这笔巨款（几十亿美元），须向国会报告实际效果，作出交代。

这项研究涉及的工作，仅资料分析、数据计算就浩繁到难以想象。兰德公司只有几十个调查员，有信心承包下来，不能不归功于计算机系统的强大能量。费先生从中体会出了应用社会科学在现代工具支撑下的远大前景。

看的是美国，想的是中国。

当时，费先生的身份中，有中国社科院社会学所所长、北京大学教授等学术角色，也有全国政协常委、民盟中央副主席等政治角色。

改革开放刚启动时，费先生曾在民盟内部呼吁，找准自己的历史方位，抓紧时间做该做的事、能做的事。在他观念中，民盟是个知识分子政治集团，是具有政党名义的智力集团。改革开放把中国这艘大船航向校准之后，最主要的就是赶快用足够的智力支持驱动大船起航，开足马力进发。

费先生后来提出"出主意，想办法，做好事，做实事"，寄托深切，实质是期待发挥出像美国兰德公司那样的决策咨询作用。只是这话不能明说。如果环境适宜，民盟的智力储备和思想能量能充分释放，一个兰德公司恐怕难望项背。

自美归后，1981年春，费先生到天津讲学，以自己亲身经历为例，验证智力能量。他说到福州去讲中国现代化的问题，正逢雨天，一个体育馆满满坐了六千人。这还只是一个城市的一场讲座。十年浩劫之后的整个中国大陆，封闭久矣，将进入一个"斗智的世界"，从官方到民间，知识需求该是何等规模与深度？恐怕十个民盟也满足不了万一，能不闻鸡起舞？

费先生在天津说："过去，民盟的名声不那么好，大家一听到民盟就联想到右派，不知是什么青面獠牙的东西。来听听讲座，一下印象就变了。很多人要求入盟了。民盟要恢复名誉，还得靠自己。拿工作出来，跟群众见面。有没有道理让大家评，好不好请大家看。"

这里说的"拿工作"，应该是指拿得出手的知识普及和决策指导工作。

《访美掠影》中"斗智的世界"一节，该是费先生这种寄托的明确表达。他提醒国人，一个国家拥有电子计算机的数量和质量，已经被人用作衡量国力的指标。美苏争霸的角逐中，美国当局者有恃无恐，也是自信在电子计算机的硬件和软件方面远超苏联，不足为虑。

生产过程中的一大表现，是新兴工业和产业中的科技和管理人员数量占比明显上升。中国"文革"后期，美国这一比例已达二成五。估计到二十世纪末，会超过五成。脑力劳动将取代体力劳动的地位，这将引起整个社会成分、社会组织、社会结构的深刻变化。

变化大，且快。快到什么程度？你花大钱买到手的技术，引进时是先进的，投产时可能已落后。费先生说："现在这个世界有一点成了《封神榜》里祭法宝的局面。强弱之分，不在蛮干比力气，而在斗智。"

或是要为中国人添些斗智的信心，《访美掠影》的最后一节是写美国的"信心危机"。

结束这次访问后，费先生在国内媒体报道中知"美国的能源危机日益严重。据说，卡特总统在自己的山头别墅里，平心静气地思考了好几天，发现美国真正的问题不是在能源危机，而是在信心危机"。

费先生的政治身份，使他能比普通读者有更多渠道接受国际社会信息，包括内参类媒体。学者本色又使他能相对冷静客观看问题。他相信，美国当局仍有能力与手段，用政策、金融等杠杆缓解问题，化解矛盾，同时，他也写下了这样的文字：

"广大人民却像日益感到没头没脑地陷入了一个受着别人支配的命运中去……甚至在花园式的郊外住宅里住的殷实之家，也是整天担心着一旦发生什么事故，顷刻之间会丧失目前暂时似乎是属于自己的一切。……每个人的心理上却觉得这个社会对自己越来越靠不住。"

《初访美国》和《美国人的性格》中，费先生都讨论过"天下一家"话题。到《访美掠影》没有像前两本小册子那样明确地出现。或许是因为这话题已无须再加提示了吧。

计算机系统已在高速运行，且快速升级，"天下一家"的话题已演进为"地球村"和"全球化"。如此，像美国这样举足轻重的国家，它的问题已不是它自己的问题，而具备足够的传导性、感染性。费先生不会没有感觉。

他在结束"掠影"的文字时，把话说了回来："结束在'信心危机'上实在有违我的初衷。历史原是一泓流水，抽刀断水水更流。……美国不可能停留在任何危机之上的。我们对伟大的美国人民有充分的信心，祝愿他们将不断为人类的前进作出更大的贡献。"

15 小城镇，大问题

如此重大的话题，费先生还是习惯于通俗的比喻。他把小城镇看成「农村人口的蓄水池」。他希望真正砌好这个蓄水池，保证里边的水质，父老乡亲能过上更好的日子。

《小城镇四记》

城市化是每个民族在现代化过程中都要面对的一大问题。发达国家的城市化，曾经付出过农村经济凋敝、农民流离失所的代价。中国小城镇的发展，表现出一种减轻代价、避免社会震荡的可能性和现实性。农村中的富余劳动力不用都往大城市跑，就近在小城镇就业并安居，享受城市文明。大城市将因此避免大量民工潮的致命冲击，避免过分臃肿、无限膨胀的城市病。

新华出版社
1985年6月第1版
1985年6月第1次印刷
印数：1—30000册

《小城镇 大问题》是费先生笔下名篇之一，从改革开放到邓小平南方谈话那段时间里，中国大陆政界、学界普遍熟悉这篇长文。

　　该文最初是发表于"江苏省小城镇研讨会"上的一篇谈话，时间是 1983 年 9 月 21 日。谈话中，费先生说起小城镇研究课题缘起，与胡耀邦关系密切。

　　1981 年，费先生到天津开会，听天津市委统战部一位领导说，胡耀邦 1980 年到云南保山考察，实地看到板桥公社的小集镇萧条败落。当年的一次会议上，他在讲话中主张恢复和建设小城镇。

　　查《胡耀邦思想年谱长编》，是 1980 年 11 月 23 日，胡耀邦出席各省、市、自治区思想政治工作座谈会，在会上讲话时说到小城镇，原文如下：

　　"现在，我们还有一些小城镇，破烂不堪。我们的国家，经过了抗日战争、解放战争、民主改革，后来又经过了'文化大革命'，小城镇里的住户，很多搞农业去了，很多小商店没有了。现在我们要发展商品经济，小城镇不恢复是不行的。如果我们的国家只有大城市、中城市，没有小城镇，农村里的政治中心、经济中心、文化中心就没有腿。……要搞试点，把小城镇的建设搞起来。"

费先生闻讯，自然感到亲切。他的家乡话里，称集镇为"乡脚"，似比说"腿"更形象。1936年，他在江村做调查，就从水乡农民实际生活中看到航船的路线，从船路意识到村庄与外部世界的联系，同时注意到了"乡脚"在乡村社会组织里的功能与特点。

《江村经济》一书第十四章专讲"贸易"，在"贸易区域和集镇"一节说："每个贸易区域的中心是一个镇，它与村庄的主要区别是，城镇人口的主要职业是非农业工作。镇是农民与外界进行交换的中心。农民从城镇的中间商人那里购买工业品并向那里的收购的行家出售他们的产品。"

城与乡，工与农，都是在城镇里碰头，交流，互惠，可见其重要到什么程度。故，费先生在《江村经济》里表示，集镇将是一个有趣的研究课题。对这一问题的详细分析，需要对整个地区作更广泛的调查，只能留待将来。

胡耀邦讲小城镇问题第二年，费先生实现了三访江村的愿望。他从家乡吴江七大镇见到的"衰落"和"冷清"景象，印证了胡耀邦对恢复建设小城镇的呼吁合乎当时中国农村社会改革发展的急需。

彼时，距费先生当年发愿留意研究城镇问题，已近半个世纪。

1982年初，费先生四访江村。其时，吴江的一些集镇略微显露出一点衰而复苏的迹象。敏感的费先生立即抓住这点变化，实地观察，有所发现之后，他用"抬头挺胸"、"欣欣向荣"等词汇描述吴江小城镇的状态,并要求自己的田野调查从农村升一级,进入对集镇的实地研究,为此提出"类别、层次、兴衰、布局、发展"的十字研究提纲,制定了比较系统的研究计划。

1983年春末夏初,费先生用了一个月的时间,对吴江的十来个小城镇作了初步调查,对其现状、历史和兴衰过程有了基本了解。他以此为基础,写出调查报告。是年秋,江苏省小城镇研讨会在南京举行,费先生在会上讲了《小城镇 大问题》。这应是他带领的小城镇研究课题取得的首个标志性成果。

1984年,《瞭望》周刊自第2期至第4期连载发表费先生的《小城镇 大问题》,在国内外引起了广泛关注。因一篇文章而影响到上层决策和整个局面,在费先生来说,这不是第一次。1957年那篇《知识分子的早春天气》已有过一次。尽管该文后来在"反右"中惹祸,但言及其"传世"价值,费先生仍觉得意。

吴江小城镇调查取得初步成果后,费先生的调查范围开始扩大。1983年冬,调查了常州、无锡、南通、苏州四市所属十多个县的小城镇。1984年春,对徐州、连云港、盐城、淮阴、扬州等地小城镇作了调查。

伴随调查范围的扩展,费先生陆续写出《小城镇 再探索》、《小城镇 苏北初探》和《小城镇 新开拓》数篇文章,先后在《瞭望》周刊发表,后来合编为《小城镇四记》一书。

1985年6月，新华出版社出版《小城镇四记》时，在正文前发表了胡耀邦写于1983年11月5日的推荐语。全文如下——

"发展小城镇这件事，我们党内许多同志还没有接触过，我也是蜻蜓点水，因此不可能有一致的看法，更不可能拿出一套正确的措施。既然拿不出，就不必急忙作决策，用简单的行政手段推行。凡属不成熟的事硬着头皮去干，事情必然成不了功。我在这方面吃苦头是很多的。但这本小册子是值得一看的。文字将近四万，太长了一点，但是好看。费老毕竟是一位有专长的学者。而这篇东西持之有据，言之成理，能给人一定的思想启迪。"

费先生的老朋友杜润生也在关注他的小城镇研究，且是以绝对内行的身份关注。追踪费先生关于我国"三农"问题的系列文章，既出于他们之间共同的兴趣、话题，更在于杜润生思考、谋划、制订"三农"政策需要其中提供的真实信息和新鲜案例。

《小城镇四记》出版前，杜润生为该书写序言说——

"费老孝通同志是一位受人敬重的学者。近年来，他研究小城镇问题多有论述，多有创见。更值得推荐的是他的治学方法。他彻底抛弃锁在书斋里讲道理的方法，坚持到现场去，到实践洪流里去蹲点调查，坚持把所见所闻如实记录下来……给社会学这门学科注入新的生命力，也为国家解决当前迫切的建设课题提供科学基础。……发展小城镇，是当今我国农村中的一件大事。对这件事各方认识不尽完全一致。但小城镇数量远不适应我国社会主义商品经济发展的需要，这已是公认的事实。……费老带了头，写了文章，培养了干部。作为一个经济工作者，我衷心感谢他的努力，并高兴地为他的论文集出版写这个小序。"

胡耀邦、杜润生推荐《小城镇四记》迄今，已过去三十多年。

当年的中国小城镇复苏和建设，是农民群众的生活需要，是一介书生的发现和呼吁，是一位中共领袖的远见和引导，是一位党内高层智囊的共识和主张。三十多年来，我国小城镇建设从星星之火到遍地开花，从农民自发建设到中央政府具体推动，近年更从国务行政最高层面提出"新型城镇化"的命题，预示着小城镇发展或在下一段的中国经济增长中被寄予更高期待。

邓小平对中国农村这一深刻变革有深入理解，他说："农村改革时，我们完全没有料到的最大收获，就是乡镇企业发展起来了……解决了占农村剩余劳动力 50%的人的出路问题。农民不往城市跑，而是建设大批小型新型乡镇。"

费先生欣慰于此，说："我和小平同志是一个思路，两套语言。"

从 1936 年初访江村开始，费先生就留意并思考农村人口的出路问题。这是他终生研究和谋划中国出路的一个基本因素。

《江村经济》中说："现有的土地已受到相当重的人口压力。"

《重访江村》中说："像开弦弓一类的农村，过去副业的比例比较高，有个基本道理，就是人多地少。"

《三访江村》中说："中国的人口压力已经够严重的了。"

费先生为乡镇企业和小城镇发展倾情付出，不遗余力，寄托实在太深。

在多篇文章、多个场合、多部著述中，费先生一再重申他的看法——城市化是每个民族在现代化过程中都要面对的一大问题。发达国家的城市化，曾经付出过农村经济凋敝、农民流离失所的代价。中国小城镇的发展，表现出一种减轻代价、避免社会震荡的可能性和现实性。农村中的富余劳动力不用都往大城市跑，就近在小城镇就业并安居，享受城市文明。大城市将因此避免大量民工潮的致命冲击，避免过分臃肿、无限膨胀的城市病。

如果费先生说的这种"可能性和现实性"真的成为现实，他的另外两句话就有理由成为中国面对世界的自信宣言——"小城镇可以成为中国在世界上走出的一条独特的城市化道路"；"中国搞好小城镇建设将是为第三世界国家探索出的一条新路"。

费先生所言倘能实现，"第二大经济体"也就能有更多的国际影响。这是典型的中国概念、中国声音，应该成为中国影响国际议程的强项。

如此重大的话题，费先生还是习惯于通俗的比喻。他把小城镇看成"农村人口的蓄水池"。他期待的不是做样子，不是搞形式，更不能搞运动。他希望真正砌好这个蓄水池，保证里边的水质，父老乡亲能过上更好的日子。

行行重行行

费先生说过，他一生只写了两篇文章，一篇是「农村」，一篇是「民族」。他追踪着看，他不辍地写，他不停地讲，只为我们在从传统到现代、从封闭到开放、从农耕到工商、从落后到先进的变革过程中少交学费、少花代价、少走弯路。

《行行重行行》

重理旧业，到农村里、城镇里去观察，去思考。凡有所得按我在抗日时期养成的习惯，写成文章，随时发表。走一趟，写一篇，几乎成了我这十年研究工作的习惯。

宁夏人民出版社
1992 年 8 月第 1 版
1993 年 4 月第 2 次印刷
印数：（平）501—1000 册
　　　（精）2501—4000 册

费先生的学术工作，从1935年瑶山调查开始，到1940年代中后期，陆续出版《花篮瑶社会组织》、《江村经济》、《云南三村》、《初访美国》、《民主·宪法·人权》、《重访英伦》、《生育制度》、《乡土中国》和《乡土重建》等，成果可谓丰硕。

后来，先是1952年院系调整取消社会学，后是1957年"反右"运动直到"文革"结束，其学术工作被迫中断。

一生中年富力强的时光，无奈空白二十多年。直到1980年"改正"，恢复学术工作条件，费先生对自己的成果打分不高。希望晚年里能"再增加几分"。

分数不能凭空得来，须先交考卷。

费先生晚年提交的考卷中，《行行重行行——乡镇发展论述》（下简称《行行重行行》）是较重要的一份。

该书近五十万字，是费先生恢复田野调查后一系列行程报告的结集。其中首篇文章写于1983年，末篇文章写于1993年，可谓十年一书。

费先生说过，他一生只写了两篇文章，一篇是"农村"，一篇是"民族"。

依费先生的说法，不妨把《江村经济》看作其农村文章的开篇，把《花篮瑶社会组织》看作其民族文章的开篇，把《行行重行行》看作两篇文章的续篇之始。

1936 年夏，费先生选定江村作调查点，是因该村有了现代工业丝厂。激发出其巨大热忱的，是车间里的生产场面。他把村中丝厂看作中国和西方文明接触的一种典型情境，理解为将引起中国农耕文明深刻变迁的巨大力量，并在《江村经济》中专题讨论这种力量。

从那时开始，费先生对乡村工业就抱有极大兴趣，持续关注。《江村经济》写出十年后，又在 1948 年出版的《乡土重建》一书中讨论"现代工业技术的下乡"、"分散在乡村里的小型工厂"、"乡土工业的新型式"等问题，表达积极发展乡村工业的明确主张。

1957 年春夏之交，费先生第二次作江村调查。他带着调查组日以继夜工作，了解情况，收集数据，分析研究，证明了农民生活有积极变化，也看出了明显存在的问题。

把问题摆出来，分析出原因，提出解决办法，在当时是有风险的，因为会和当时的国家农业政策有冲突。费先生为民生国计考虑，还是在《重访江村》一文中提了出来。那是 1957 年，结果可想而知。正在《新观察》杂志连载的《重访江村》没有发完就停了。

经过漫长的历史曲折，1981 年秋，费先生第三次访问江村，看到"农民不仅解决了吃饭问题，而且还有了钱花"。究其原因，是恢复传统副业，重建缫丝厂，新建丝织厂和豆腐坊。

据此实证，费先生重提当年话题并作扩展——"乡村工业的发展使这个农村集体经济结构发生了重大变化"。

对乡村工业发展，当时仍有不同看法和声音。费先生和同道当然乐见其成，也有人认为是"歪门邪道"，是"和国有经济争原料，争市场"，是"挖社会主义墙脚"。这种看法在高层也有一定市场，费先生说他曾看到过准备再次批判他的文件，后来由于党内开明力量占上风而作罢。

中国农村改革开放的事实及发展，一再证明费先生的判断合乎实际。不仅是"共同趋势"，而且发展到"异军突起"。

称谓上，从"乡村工业"到"乡镇企业"；状态上，从"星星之火"到"燎原之势"；地位上，从"三分天下有其一"到"半壁江山"，再到"三分天下有其二"；功能上，用费先生的话说，"乡镇企业帮了中国的大忙"！

费先生热切追踪这一历史过程，自己的认识也不断深化。当初，他看重的是"草根工业"能有效增加农民收入，后来则看出一条中国工业化的独特道路。

1985年8月，他在《九访江村》中写道——

"与西方工业革命的历史相对照，草根工业无疑是中国农民的一个了不起的创举。……他们有力量冲破资本主义工业发展初期的老框框，他们根据自己的生活需要去改变工业的性质，让工业发展来适应自己。在草根工业中，农民表现出了充分的主动性……"

为追踪观察、记录、理解、解说这个星火燎原的过程，费先生从家乡苏南开始，延伸到苏北。走遍江苏后，越出省界，分两路扩展范围。一路走内陆，内蒙古、宁夏、甘肃、青海、又到四川、云南；一路走沿海，浙江、福建、广东、香港、海南，复又进入中部，河南、河北、陕西、湖南、安徽……边看，边作记录，如同一个大时代里的大记者。

对这个过程，费先生说是"重理旧业，到农村里、城镇里去观察，去思考。凡有所得按我在抗日时期养成的习惯，写成文章，随时发表"。"走一趟，写一篇，几乎成了我这十年研究工作的习惯"。"日子久了，走的地方多了，发表的文章也多了……回顾一下，抓乡镇研究刚好十年。十年算一个段落，应当结结账，编出这本《行行重行行》似乎是个好主意。"

乡镇企业发展调查，是乡镇研究的开篇和核心课题之一。乡镇企业的发展，刺激和带动小城镇的发展，一个新的、更大的课题跟了上来。

费先生对集镇的留意，也萌芽于江村调查时期。他从村里水道上的航船来往观察江村和外部世界的联系，注意到了集镇在农民日常生活、农村经济活动中的功能和地位，曾在《江村经济》第十四章讨论这个问题。因为当时没有跟踪研究的条件，费先生便将这份学术关注留待将来。

1980年代初，费先生获得"第二次学术生命"，小城镇发展问题也被提到农村改革开放日程上，深入研究小城镇问题的历史条件开始成熟。

1980年春末夏初，费先生用一个多月时间，对家乡吴江的十来个小城镇作了实地调查，写出报告《小城镇 大问题》，不愧是老将出马，一炮打响。《瞭望》周刊1984年第2期到第 4 期连载了费先生这篇长文，在学界、政界引起了持续性的广泛关注。

熟悉费先生早年著述的读者，不免联想起他几十年前出版的《乡土中国》和《乡土重建》。几十年间的历史曲折，证实了这位老先生确有远见。

吴江小城镇调查告一段落，费先生主导的实地调查逐步扩大范围。随着调查范围的扩展，他为此一站一站奔波，纵横中国大陆，每年至少有一百六十天在基层社会作实地调查。

一位名重位高的白发老者，一位天性倾向于安静闲适的学者，倾注饱满的热情于田野，十年如一日，所为何来？细读其《江村经济》，费先生已在 1938 年作了解说——

"社会科学应该在指导文化变迁中起重要的作用。……对人民实际生活情况的系统反映将有助于使这个国家相信，为了恢复广大群众的正常生活，现在迫切地需要一些政策。这不是一个哲学思考的问题，更不应该是各学派思想争论的问题。真正需要的是一种以可靠情况为依据的常识性的判断。"

可靠情况是，小城镇成为乡镇企业从零散到集中、从小本经营向规模发展的社区依托，吸收了大量农村富余劳动力，成百上千万中国农民历史性地转换了身份，进入工厂，进入城镇。这是他的亲眼见证。

这种情况，加上常识判断，费先生从数十万字行程报告中得出结论说：中国的小城镇发展可以为世界发展提供一条独特的城市化道路。

在浙江，费先生到过龙岗；到广东，费先生去过清溪。这两个小城镇，属于两个省份，处在两个发展阶段上，却具有共同的特征——本地人口数万，外地人口数十万，如此强大的流动人口吸附能力，是大中城市难以想象的。

这样的成就，在政府文件中只是数字对比，在费先生眼里却是一个生动有趣、激动人心的现代化过程。他追踪着看，他不辍地写，他不停地讲，只为我们在从传统到现代、从封闭到开放、从农耕到工商、从落后到先进的变革过程中少交学费、少花代价、少走弯路。

如今，改革开放已近四十年。四十年里变化如何？"天翻地覆"、"举世公认"这类词汇未免太虚。一个积贫积弱、总人口世界最多的穷国，经济总量已排到世界第二。

这番巨变，事实上发生了，是我们干出来的。不该因出现代价而不看进步。

遗憾的是，我们虽把事情干了出来，怎么干出来的却说不清楚。我们还没有在充分、透彻的意义上把改革开放迄今的中国之变及内在机理明明白白告诉世界，连真实描述完整过程恐怕也还没有做到。

在这个背景上，《行行重行行》是一份难能可贵的历史文献。

17 译稿传奇

这部译稿的产生，可说是费孝通先生一生悲欢离合的插曲，连他自己也不敢信以为真的传奇。

《甘肃土人的婚姻》

大浪淘沙，惊涛拍岸，随波逝去的已经远去；隐伏的，贴心的，留下来。去也终须去，留也自当留。至于为什么，只好放下，不必追究了。

辽宁教育出版社
1998 年 12 月第 1 版
1998 年 12 月第 1 次印刷
印数：1—3000 册

1909年，比利时圣母圣心会许让传教士（Le P.L.Schram）不远万里来到中国，在甘肃甘北传教区履职。翌年，奉派往西宁传教，在塔尔寺学藏语半年。后又被派至今青海乐都、民和一带，传教的同时，续学藏语四年。

这位神父亦是学者，边传教边做学问。其中国传教生涯延续到1940年代，其系列著述 *The Monguors of the Kansu-Tibetan Frontier*（《甘藏边境的土族》）三大卷出版于1950年代至1960年代，属于土族研究中"早期资料最丰富的人类学著作"。

此集大成式著述出版之前，许让神父先行出版过《甘肃土人的婚姻》。

最迟是在1934年，这部著作引起中国女学者王同惠的关注。她当时在燕京大学社会学系读书，师从吴文藻，专攻文化人类学。吴文藻称许王同惠"天资聪颖，思想超越"，"是现代中国第一个作民族考察的女学者"。

王同惠在燕园读书时，与费孝通相识。两人同系不同班。依当时燕大风气，男女同学在多种聚会上常有接触机会。

1933年圣诞节前，燕大社会学系同学聚会。王、费皆在场。他们谈及人口问题，观点不同，有争论。

此时，费孝通初由燕园转学清华园，修体质人类学。圣诞节当天，费孝通送给王同惠一本书，意在证实自己的观点。这本书成了牵引两人的"红丝线"。

1934年到1935年，费孝通和王同惠来往频繁。"两人从各不相让、不怕争论的同学关系，逐步进入了穿梭往来、红门立雪、认同知己、合作翻译的亲密关系。"——这是费孝通的晚年回忆文字。

"红门立雪"，指费孝通在燕园姊妹楼门前等候王同惠见面。"合作翻译"，一指《社会变迁》，英文版，费孝通已译竣，尚未出版；二指《甘肃土人的婚姻》，法文版，王同惠正在翻译，未完成。

王同惠把《社会变迁》译稿要去阅读，费孝通建议她借来英文原本，边读边校，将来作为合译本出版。正翻译《甘肃土人的婚姻》的王同惠，亦要求费孝通参与其译事，日后也作两人合译本出版。

其时，费孝通的法文入门不久，正为毕业考试中的第二外语犯愁，便将合译作为强化学习机会，由此玉成中国现代学术史上一段译林掌故。

1935年暑期，费孝通修满两年体质人类学，获得据说是清华园人类学专业第一个硕士学位。遵其导师史禄国嘱咐，得其本科恩师吴文藻帮助，费孝通得到进广西大瑶山考察的机会。

社会调查中，尤其是在陌生社区，许多情况单靠男性不容易摸清，有女性参与则方便许多。为便于共同调查，费孝通和王同惠在未名湖畔临湖轩举行了婚礼。

婚后，他们同往太湖鼋头渚小住，在蜜月中译竣《甘肃土人的婚姻》。

吴文藻说："王同惠和费孝通由志同道合的同学，进而结为终身同工的伴侣，我们都为他们欢喜，以为这种婚姻最理想、最美满。"

谁知，天作之合，天又分之。瑶山深处一个黄昏，因向导失引，费孝通误踏虎阱，身负重伤。王同惠星夜下山求援，途中坠崖落水，以身殉职。是日，他们新婚仅一百零八天。

瑶山惨剧之后，费孝通生命旅程少有平顺之日，多有动荡、磨难之时。《甘肃土人的婚姻》译稿亦成人世飘萍。

1936 年，费孝通赴英伦求学。两年后学成返国，参加"烽火中的讲学"，与吴文藻、潘光旦等共赴国难。

1940 年，昆明屡遭日军轰炸，费孝通带实地调查小分队转至呈贡。

1946 年，李公朴、闻一多被暗杀，同在黑名单的费孝通被朋友救出，远走英伦。

1952 年"院系调整"，取消社会学学科。费孝通离开清华园，调到中央民族学院。

1957 年"反右"，费孝通被划为"右派"，被取消公职、赶出院长办公室。

1966 年开始"文革"，费孝通遭抄家厄运，所有书籍、资料一扫而空。

如此劫难重重，《甘肃土人的婚姻》译稿带着译者心殇，如化外之物，安度劫波。许多年后，费孝通说起这段故事，感叹再三——

"几十年里边，我去过国内外那么多地方，经历过那么多离乱，光是书籍和稿本的一次性大量散失就有三次，一次是在瑶山遇险，一次是昆明轰炸，再一次是'文革'抄家。这部译稿怎么就能逃过这好些关口，一直跟着我，连我自己也说不清。只能说是天定的因缘。"

1996年秋，深圳朋友胡洪侠来京，为《文化广场》周刊组稿，听说这部译稿传奇，唏嘘之余，建议放在俞晓群先生主持的"新世纪万有文库"书系出版，以见天日。

遂将此议转述给费先生，得允准，也触动老人尘封六十余年的心事。

他要为这部历经沧桑的译稿写序。为写序，要在脑海里追寻它乱世中的命运。八十八岁高龄的费先生苦思冥想，彻夜难眠，遍搜枯肠，绞尽脑汁，还是不能肯定地推理出一条清晰脉络。

费先生说，唯一可能是：译稿完成后，并未随自己和王同惠进入瑶山，而是留在了家乡。十二年后，费先生重访英伦回国时，在家乡苏州小住几日，即带上译稿重返北平。不过，这十二年里，苏州也不太平。日军铁蹄下，费家搬迁数次。这部书稿怎么就存了下来，还是个谜。

为追索谜底，历来入睡迅捷的费先生开始准备安眠药，仍未奏效。先生说,靠头脑记忆的历史里,难免有难于理解的谜案。"大浪淘沙,惊涛拍岸,随波逝去的已经远去;隐伏的,贴心的,留下来。去也终须去,留也自当留。至于为什么,只好放下,不必追究了。"

1978年,费先生的"第二次学术生命"即将降临。其工作由中央民族学院转至中国社会科学院。离开民院二号楼前,费先生整理办公室书架上久置未动的旧书积稿。书架底层,译稿突现,那是《甘肃土人的婚姻》!

稿纸发黄变脆,老人悲欣交集。其中笔迹,明显是两个人的。费先生认得自己至今未有大变的手体,另一笔迹,"岂不是出于永眠瑶山的同惠之手?"

当时,费先生是"脱帽右派",不敢想出版译稿的事。他能做的,只是修复部分纸章磨损与破碎之处,又借到原著,托友人补译了若干残页。

春去秋来又经十八年,迟到太久的出版机会终于来到。

三联书店沈昌文先生古道热肠,力促这部译稿得以出版。辽宁教育出版社晓群兄正主持"新世纪万有文库",费先生的译著放入文库本无不可,但恐过于简陋,不如另出精装本,以慰前辈。

费先生也视此译稿出版为暮年圆梦一大安慰。他呕心沥血写出译本序言,文中写到当年与王同惠合译此书的情景——

"回想起来,这确是我一生中最难得的一段心情最平服,工作最舒畅，生活最优裕，学业最有劲的时候。追念中不时感到这段生活似乎和我一生中的基调很不调和，甚至有时觉得，似乎是我此生不应当有一段这样无忧无虑、心无疮伤的日子，成了一段不能复返、和我一生经历不协调的插曲。"

1997 年 3 月 19 日，费先生写就此序。次日以文示我，嘱咐说："这篇文章，我花了很多心思。可以先投给《读书》发表。给《读书》时，'《甘肃土人的婚姻》序言'只能作副题。你再想一个正题放上去。"

神思忽来，问："就叫'青春作伴好还乡'好吗？"

费先生颔首。

1998 年年底，《甘肃土人的婚姻》由辽宁教育出版社出版，首印三千册。

1999 年年初，费先生递过一册签名本，是给我的春节礼物。

该书封底上部印着两行文字——"这部译稿的产生，可说是费孝通先生一生悲欢离合的插曲，连他自己也不敢信以为真的传奇。"

18 年近谢幕

「我的缺点就在只讲了社会生活的共相而没有讲在社会里生活的人的个性，只画了乐谱，没有听到琴声，只看了剧本，没有看到台上演员的精彩表演。」

《生育制度》

　　年近谢幕，时时回首反思多年来在学术园地里走过的
道路，迂回曲折；留下的脚印，偏谬杂呈；究其轨迹，颇
有所悟。趁这次老友会聚，略作自述，切盼指引，犹望在
此生最后的尾程中勉图有所补益。

天津人民出版社
1981 年 5 月第 1 版
1981 年 5 月第 1 次印刷
印数：1—21850 册

《生育制度》是费先生对自己所有著述看得最重的一部。其恩师潘光旦先生曾三序其著，唯一提出商榷、暗示乃至批评的，也是这部书。

潘先生为《生育制度》写的序有题目，叫《派与汇》。费先生早年得大名，盖源于"派"，即人类学功能学派。对此，潘先生很清楚。

《江村经济》后，路还长。费先生能否更上一层？"派"的舞台显然不够，能否进入"汇"的状态和境界，很关键。对此，潘先生也很清楚。

潘、费师徒，两位中国学者，在国内，潘远没有费的名气大。费先生却承认，这位老师的东西，他远没有学到家。

其中道理，或如费先生的外国老师中，拿史禄国和马林诺夫斯基相比，国际上，前者远没有后者名气大。费先生却认为，学术思索更宏阔、内蕴更深刻的是前者。

1993 年 10 月，费先生到香港主持"第四届现代化与中国文化研讨会"开幕式。这次会议分前后两段，分别在香港和苏州举行。

其时，正是费先生要求自己开始进入学术反思的时期。他向会议提交的论文题目是《个人·群体·社会》。费先生对这篇论文的功能寄望较高，说："我对旧著《生育制度》一书进行了反思。这篇论文也可以说是我为自己开创了一条写作的新路子，有一点近于思想自传方式的自我反省。"

这篇论文的开场白，是一段古雅蕴藉、文人气十足的文字，明确地向学界同好传递出作者进入学术反思阶段的信息及反思初衷——

"年近谢幕，时时回首反思多年来在学术园地里走过的道路，迂回曲折；留下的脚印，偏谬杂呈；究其轨迹，颇有所悟。趁这次老友会聚，略作自述，切盼指引，犹望在此生最后的尾程中勉图有所补益。"

"尾程"中的反思，从最基本的"社会"概念开始。

社会是什么？费先生说，历来有两种基本看法。

一种是把社会看作众多个人集合生活的群体。社会是人类群体生活的手段。所有群体所创制的行为规范，以及其他所谓文化等一切人为的东西，都是服务于人的手段。

另一种是把社会看作比生物群体高出一层的实体。社会是自然演化秩序中继生物世界而出现的一个新的、同样是实在的世界。在社会中，人类群体不是一般群体，已上升为社会实体。

费先生是在前一种看法的引导中进入社会学领域的。把社会学看作是一门研究人的群体生活的科学，和他本人当时要求自己了解国人生活的追求是一致的。

尤其符合费先生主观倾向的，是前一种看法确认，社会所规定的一切章法和制度，都是人造出来的，是满足人们生活需要的手段。这是功能学派很自然的观点。如果满足人们生活所需，那就要加以改造，改造到重新具备满足能力。这又是功能学派很自然的想法。

贯穿于《生育制度》的一个基本观点，就是人类社会必须有一套办法，来解决一个矛盾，即个人有生死，社会须继续。为讲透自己的观点，费先生专门创制了"社会继替"、"世代参差"等名词，从本质上分析社会新陈代谢的过程，把"性爱—结婚—成家—生育"这个一般认识上的传统程序颠倒了过来。

费先生的道理，是从事实中梳理出来的。

事实上，为了集体生活需要的新陈代谢，社会必须有成员的再生产。社会新成员的生产，必须经过生物性的生殖和社会性的抚育。新成员能否出生，关键在社会是否批准。社会成员的成长，则需要社会的抚育，于是出现家庭。而要使男女能成家，必须经过社会规定的结婚手续，并服从社会规定的两性关系规范。

费先生由此确认："生育制度并不是用来使个人满足其生物上性的需要，而是用婚姻和家庭等规定的制度来确定夫妻关系、亲子及亲戚的社会角色，使人人都能按部就班地过日子。"

在"婚姻的确立"一章，费先生以结婚仪式为例，借助有趣的描述证明，结婚不是私事。要求组成家庭的男女们，被生育制度摆布得服服帖帖。

整理《生育制度》书稿的时候，费先生和潘先生一起住在苏州乡下。潘先生为该书写序之时，已在自己知识储备和思考基础上汇通中西、形成了"新人文思想"，并在学界提出讨论。潘先生把生物人和社会人结合起来，在一个更高层次上回到了人是本位、文化是手段的基本观点。

如果费先生当时能就这一社会学的基本问题同潘先生作充分讨论，其社会观念可能会被潘先生带至一个新的视野。无奈他们是在躲避独裁者对民主教授的迫害、追杀。师徒之间，这场破了题却来不及展开的讨论，被历史搁置起来。

随后，新中国成立。随后，知识分子改造、院系调整、"三反"、"五反"、"反右"、"大跃进"、"四清"、"社教"、"文革"等政治运动，连绵不绝。其间无不具有具体可感的巨大压迫力、强制性，给费先生的社会观以深刻影响。他从中切身体验了社会实体的超级能量，同时也体察了个人的生物本能和文化意识的顽强表现。他的社会观在逐步接受"社会实体"的因素。

在《学术自述与反思》中，费先生真切描述了这一过程——

"解放之后的一段时间里，我自己所处的社会结构发生了革命性的变动，那就是说构成这个结构的各种制度起了巨大变动，在各个制度里规定各个社会角色的行为模式也发生了巨大变动。……作为一个教授的社会角色可以被他的学生勒令扫街、清厕和游街、批斗。……在这不寻常的情境中，社会的本来面目充分显示了出来。我觉得仿佛是置身于一个目的在有如显示社会本质和力量的实验室里。在这个实验室里我既是实验的材料，就是在我身上进行这种实验。同时，我又是个社会学者，所以也成了观察这实验过程和效果的人。在这个实验室里我亲自感觉到涂尔干所说'集体表象'的威力……这个实验证实了那个超于个人的社会实体的存在。"

费先生认为，"文革"十年，是人类历史上一次少见的"实验"，一次震度极强的社会变动。他切身体会了超生物的社会实体的巨大能量，也赤裸裸地看到了个人生物本能的顽强表现。遗憾的是，自己尚无足够的学力作出深度分析，写出文章。

如此经历，沉潜至费先生的脑海深处，成为思索素材。将近三十年后，费先生重读《生育制度》，一眼就看出其中"见社会不见人"的缺陷。这一缺陷甚至影响到其"第二次学术生命"。

整个1980年代，费先生恢复田野调查，接触实际生活，力图发现各种增加农民收入的办法。走一趟，写一篇，积极推广，大力鼓吹，可谓不遗余力。

如今回头看看，当年心思主要是着眼于各地不同的发展思路和具体办法，至于具体的人在生活中怎样想事，怎样感受，怎样打算，没有充分关注。

费先生说自己记录了中国农民丰衣足食的程度，收入增长的速度，但对他们的思想、情感、忧虑、希望等，似乎都没有说清楚。

他觉得，自己的注意力还是集中在社会变化，忽略了人的相应变化。

1994年11月，费先生参加《小城镇 大问题》发表十周年座谈会，作了题为《小城镇研究十年反思》的学术演讲。在演讲结束之前，他再次提及一年前借《个人·群体·社会》一文所作的自我批评，更为明确地表示：

"我过去有关社会学的研究工作最大的缺点是见社会不见人。我费了不少笔墨来描写社会结构……而没有讲过一个个人怎样在这套规矩里生活。人的生活是有悲欢、有喜乐、有爱恨、有希望又有懊悔等极为丰富的内容……我的缺点就在只讲了社会生活的共相而没有讲在社会里生活的人的个性，只画了乐谱，没有听到琴声，只看了剧本，没有看到台上演员的精彩表演。"

费先生的自责，说明他晚年学术思想生命力的依然健旺。

在自我批评的同时，他也表示，重读《生育制度》的时候，他也在重读自己1980年代到1990年代初写的文章。其中的思想变化，可以看得清楚。先前那种对个人与社会关系的看法，后来已有改变，已不再像《生育制度》那样去理解社会概念，而是已多少接受了潘先生的新人文思想，把社会和个人看作辩证统一体的两面，在活动的机制里相互发生作用。

费先生说："我得回到潘光旦先生给我《生育制度》写的序言里所提出的中和位育的新人文思想。"

这个回归，意味深长。

19 — 人世纷扰

老师褒奖，美言入耳，其中深意，可曾入心？马林诺夫斯基看重《江村经济》为跨越「文野之别」作了标杆，其中寄托，费先生是后来才慢慢领悟的。

《重读〈江村经济〉序言》

在人文世界中所说的"整体"并不是数学上一个一个加起而成的"总数"。同一个整体中的个体有点像从同一个模式里印刷出来的一个个糕饼，就是说这个别是整体的复制品。

《江村经济》是费先生的成名作，通常被视作其学术途程上第一块界标。其英国导师马林诺夫斯基为该书写序，用"里程碑"、"宪章"这样的说法来褒奖和鼓励他的这位中国学生，为学界熟知。

六十年后，费先生说，马林诺夫斯基如此高的评价（指江村调查工作把人类学这门学科推进了一步），他"当时不仅没有预料到，甚至没有完全理解"。

1995 年夏，北京大学社会学人类学研究所举办"社会—文化人类学高级研讨班"。费先生为该班作首讲，题目是"从马林诺夫斯基老师学习文化论的体会"。

课堂设在北大电教中心 304 室。费先生端坐于讲台，不看讲稿，如数家珍，徐徐道来，一气讲了两个多小时。其间，说到《论语》中的"巧笑倩兮，美目盼兮……绘事后素"的语句时，板书一直较自如的助手知识贮备不够了。费先生见其不知所措，即起身，亲自板书，唰唰唰，劲道不减，字迹有肉有骨，十足大师风采。

听课者当记得，费先生讲课结束前，说起自己"九十年代的写作倾向"——

"我是八十岁以上的老人了，即使不服老，也得承认年龄不饶人。体质衰老是生物规律，主观上改变不了的事实。因此，我常常想到，应当在还活着、还能进行脑力劳动的日子里，赶紧把过去已经写下的东西多看看，反思反思，结结账。"

说到具体的"账"，费先生表示要"结合《江村经济》写一篇关于马老师论社会和文化变迁的文章"。

《江村经济》这本书，费先生1938年在英国写完后，只来得及看到马老师为该书出版写的序言就回国了。第一次见到原版书，是十年之后，1948年在清华园胜因院宿舍书房。汉译本则是1986年初版，到费先生表示"结账"时，又是一个十年过去，"还没有对这本书从头到尾重读过一遍"。

一方面是忙，1980年代中期到1990年代中期，是费先生实地研究大陆区域发展的高峰期，为此长年奔波不止。一方面，费先生自己说是"多少有一点懒劲"。要克服懒劲，需要给自己加点压力。在高级研讨班上当众许愿，算是自我加压。话既出口，不能不写了。

"人世纷扰，抽空下笔的闲暇不多。"——这是晚年费先生的实情。高级研讨班结束后半年多，不论走到什么地方，他心里总挂着这笔账。一页页手稿，写了改，改了又写。日积月累，到1996年春，在江南实地调查途中，费先生终于完成了《重读〈江村经济〉序言》的长文，近三万字。

看题目，就知道费先生在重读过程中调整了想法。他本想就重读《江村经济》写文章，想写的是《重读〈江村经济〉》，显然是在读到正文之前被马林诺夫斯基的序言吸引，乐意深潜其间——"这篇短短八页的序言触及到社会人类学里许多至今还应当反复琢磨的基本问题"。费先生从"基本问题"中选出一些，结合自己六十年里的实践、思索，浮想联翩，文字如涌，写成《重读〈江村经济〉序言》。

又一次无心插柳。仅是序言，费先生就生发如许思索。若来得及重读全书，还不知会有怎样的文章。

序言里，有马林诺夫斯基的一段预言。他说："未来的人类学不仅对塔斯马尼亚人、澳洲土著居民、美拉尼西亚的特罗布里恩德岛人和霹雳的俾格米人有兴趣，而且对印度人、中国农民、西印度群岛黑人、脱离部落的哈勒姆非洲人同样关注。"

当年预言，今已实现。只是，这一步迈得并不轻松。

重读序言，费先生可确认，要跨越文野之别，拨转人类学研究朝向文明世界，不是容易之举。在积蓄跨越力量的时候，马林诺夫斯基在研究现代民族关系，触及文野鸿沟问题。用费先生的话说："他要为人类学更上这层楼，从对野蛮人的研究过渡到对文明人的研究，筑好一顶楼梯。但是由于寿命的限制，只留下了一大堆残稿。后来，虽经他的门生于1945年整理成了 *The Dynamics of Culture Change* 一书，但他想建立的这顶楼梯还只是一个初步设计的图稿，里面还有许多空隙没有填实。"

马林诺夫斯基满怀热忱地帮助费先生完成博士论文，不吝赞辞地为这部论文及时面世书写序言，推荐给著名的出版机构，是他当初迫切想见吴文藻的心情的延续。细察其详，既能领略一代名师渴育大才的本能，也能见出其欲借《江村经济》推动人类学更上层楼的现实考量。

老师褒奖，美言入耳，其中深意，可曾入心？费先生的天分是足够的，但从人类学发展大势理解《江村经济》的转折意义，其当时的知识贮备未必足够。在多个场合，费先生多次说过，老师看重《江村经济》为跨越"文野之别"作了标杆，其中寄托，他是后来才慢慢领悟的。

时隔六十年，费先生重读老师当年序言，有了深一层的感受，也看到了一个令人深思的事实。

费先生发现，尽管马林诺夫斯基对"异国土地上猎奇而写作"提出明确批评，倡导"一个民族研究自己民族的人类学"，这样的督责，却成其一些学生的耳旁风。他们不惟不去研究自己所属民族或国家的民众，甚至还反对人类学者研究自己所处的社会和文化。就费先生的见闻来说，这种情况到1980年代还能看到。

例如，埃德蒙·利奇（Edmund Leach）教授在1982年出版的《社会人类学》（Social Anthropology）中明确表示，他根本不赞成一个初学人类学的人从研究自己的民族入手，因为他怀疑本民族学者能从对本民族的研究进入人类学的堂奥。

费先生为此吃惊。"连人类学者都跳不出这个魔掌？"

埃德蒙·利奇是费先生留学英伦时的同门同窗。费先生对其爽直、明快、词锋犀利、雄辩出众的风格有深刻印象。两人间保持着多年友谊，也各自保留着不同的学术见解。

马林诺夫斯基在人类学领域的革新倡导，没有被包括埃德蒙·利奇在内的一些门生接受，没有形成西方人类学者研究本民族社会文化的气候。这种现象，是二十世纪人类学发展史上确实值得研究的一大问题，还是部分学者少见多怪？

若以百年为一时间单位，观看《江村经济》序言发表迄费先生重读之间的六十年史实，至少，在费先生见闻内，没有看到马林诺夫斯基的主张和倡导成为西方人类学者的大范围自觉实践。

马林诺夫斯基比较自觉地实现人类学者从书斋到田野的转变时，进入的是他民族田野，不是本民族田野；转变的是研究场所，不是研究对象。

人类学者能否进入本民族田野并作出有效研究？马林诺夫斯基在序言里作预言时，回答了"能否"的问题。至于其研究是否"有效"，他需要实例作印证。

说起来，在人类学从书斋转向田野的阶段，这问题或有点超前。在人类学研究现场从"野蛮"转向文明的阶段，却是现实问题。马林诺夫斯基触及"文野之别"的大问题时，虽有认真考虑，尚未来得及用自己的研究成果提供例证。这就是他如此热衷地促成、褒扬《江村经济》的来由。

费先生这部论文，既转换了研究场所，也转变了研究对象，成功跨越"文野之别"，提供了人类学者可以在本民族的田野工作中进行有效研究的实例。

马林诺夫斯基对此给予充分认可，认为"这是一个土生土长的人在本乡人民中间进行工作的成果"；"一个民族研究自己的民族的人类学当然是最艰巨的，同样，这也是一个实地调查工作者的最珍贵的成就"。

费先生因《江村经济》而成名，也因《江村经济》而受到质疑。质疑者的代表人物之一，就是马林诺夫斯基的学生埃德蒙·利奇。

这部论文最初是英文版，书名是 *Peasant Life in China*。这题目，埃德蒙·利奇大概觉得太大，描述一个中国村庄农民生活的一本书，能否概括幅员广阔的中国国情？只研究其中一个由少数人组成的小社区，能否因此了解这个民族整体的社会文化？这是埃德蒙·利奇提出的主要问题。

这是个"窥斑知豹"是否可能的问题，是个微型社会学的认识功能是否足够有效的问题。或许可以说，费先生以后一直都在答复这问题。

1990 年，费先生发表《人的研究在中国》一文，他承认，写完《江村经济》时，已经意识到，把一个农村看成是全国农村的典型，用它来代表中国所有农村，是不对的。但是把一个农村一切都看得与众不同，自成一格，也是不对的。如果承认客观事物中存在不同类型，承认形成江村的条件也会形成一些其他的农村，江村可以作为中国农村的一个类型，那就可以再去发现其他类型的中国农村。把中国农村的各种类型都找出来，借助比较方法，逐一描述出来，便有可能接近对中国农村社会文化的全面认识。

其时，费先生的田野调查，已经基本实现"农村—小城镇—区域发展—全国"一盘棋的完整过程。这个过程中逐步扩展的学术实践，应能回答埃德蒙·利奇的质疑了。

又过六年，到完成《重读〈江村经济〉序言》时，费先生温故知新，又有新发现。他说——

"最近我在重温马老师的文化论时，又有所启发。在人文世界中所说的'整体'并不是数学上一个一个加起而成的'总数'。同一个整体中的个体有点像从同一个模式里印刷出来的一个个糕饼，就是说这个别是整体的复制品。……社会人类学者首先要研究的对象就是规范各个个人行为的这个'模子'，也就是人文世界。从这个角度去看，人文世界里的'整体'就必须和数学里的'总数'在概念上区别开来。……利奇认为我们那种从农村入手个别社区的微型研究是不能概括中国国情的，在我看来，正是由于他混淆了数学上的总数和人文世界的整体，同时忘记了社会人类学者研究的不是数学而是人文世界。"

马林诺夫斯基这篇序言，对费先生实在重要。初读，为他带来学术工作起步时的自信。重读，带来的是其一生学术工作的自信。

20 究天人之际

「天人之际」是讲自然世界和人文世界的关系。人文世界有延续性，所以在「天人之际」中又出来了一个「古今之变」。人类学是研究人文世界的学问，人的学问。研究人是怎么从自然界中异化出来的。

书影

　　在中国文化的变迁当中，知识分子里边有好几种态度。一种是陈寅恪的态度，一种是金岳霖的态度。还有冯友兰的态度，钱穆的态度，都不一样。中国老一代知识分子的态度不同，上面讲的四种，加上我，五种了。现在需要第六种。要有人讲清楚"天人之际"。

1998年1月中旬某日，接到费先生的电话，说近来重读《史记》，读出了新的心得，欲找人讲，嘱我去听。

1月21日，遵嘱往费先生府上。骑车出东厂胡同，经景山，绕德胜门，穿冰窖胡同，到北太平庄，进四号院，登八号楼。上到二楼的先生卧室兼书房，刚落座，先生就开口了——

　　我们去年11月中旬去无锡，参加了一个城市建设方面的会议。我在会上讲了一段话，你还记得。我讲的主要意思是，吴良镛他们的研究有了成果，梁启超的后代梁思成后继有人。

　　梁启超是当年王国维他们国学研究所的第一批教师。他脑筋里边的"国学"是什么呢？没有弄清楚。我提出来自己的想法，就是司马迁说的一句话——"究天人之际，通古今之变"。

　　我从这句话上发挥了一下，说吴良镛他们的研究成果对"天人之际"下了功夫，有所发展。可是在"古今之变"上没有太下功夫。这也是个出文章的地方。下点功夫，会有东西出来。

　　说过这个话，我回来查书。找到我手边的《古文观止》，查出司马迁这句话是在《报任安书》里边说的。我一看，出问题了。文章里的原话不是"天人之际",而是"天地之际"。

这书是中华书局出的,有权威性。这样一来,是我弄错了。可是我脑筋里边的"天人之际"的印象是怎么来的呢?是我错了,还是书上错了?或者是两种说法都有根据呢?

"天人之际"和"天地之际",一字之差,意思却差得很远。我就找"天人之际"这个说法的来源。《报任安书》是太史公写给朋友的一封信。可是我很小的时候曾经听说,这封信是假的,是"齐梁小子之作"。是谁说的这句话。我记不得了。现在看这封信,的确不太像太史公的话。

从心态上看,当时那种情况下,司马迁的心情很紧张,会不会说出这样的话,是个问题。如果先把这封信放在一边,"天人之际"这个说法还有根据没有?

后来,我在《太史公自序》里边找到了。这篇自序应该是他自己写的。他在自序中提出了"天人之际"这个概念。

正在这个时候,来了个巧事。天下巧事多啊!不是有意布置的。

有个人代表一个联谊会(中国高校校友海外联谊会)来看我,送我一套书,是文白对照的《史记》(国际文化出版公司 1998 年第二版《文白对照全译史记》)。巧得很,这套书里附上了《报任安书》。这一来,我想看看是不是中华书局弄错了。一查，是"天人之际"。在文章后边还注明了《报任安书》最早来自《汉书》，班固的。

这下好办了。班固写《汉书》，不太远。汉朝的时期。我想请你去查一下《汉书》，这是第一件事情。查查《汉书》和《文选》里边是"天人之际"还是"天地之际"。那是靠得住的。

我的想法，应该是"天人之际"近于历史的真实。"天地之际"这说法是没什么道理的。

"天人之际"是讲自然世界和人文世界的关系。"天地"还是一个东西，都是指自然界。我脑筋里边的"天人之际"，是从钱穆那里来的。钱穆讲的"天人之际"是从哪里来的，我不知道。他也没有讲清楚。

到老年时，人家让他从蒋介石为他盖的小楼里搬出来。他很生气。搬出来没有多久就死了。死前对他的老婆说："'天人之际'还有新的意思！"什么意思呢？他没有讲出来。

我准备写一篇文章，你不是知道吗？叫《有朋自远方来》。钱穆对于我，很远啊！可是他对事情的看法有些地方和我很接近。我想在今后的文章里发表这些看法。

在中国文化的变迁当中，知识分子里边有好几种态度。一种是陈寅恪的态度，一种是金岳霖的态度。还有冯友兰的态度，钱穆的态度，都不一样。

金岳霖是批判自己，彻底批判。旧东西表示都不要了。

冯友兰是嫁接式的，想从自己原来的思想体系里边改造出新的东西，把两个凑起来。可是他最后又回到早先的老本上。但最后这个回归的东西在大陆上还没有出版。

陈寅恪埋头研究，不问不管新的东西，自己搞出一个天地，做他自己的文章。可是他不愿意全面地研究中国。单讲一段，明清之际的变化，用隐喻法。

钱穆是自我流亡，到香港去。起初我认为是北大不要他，现在看来不大像是不要他。他不愿意回来，避开了。避开西南联大之后，他不愿回到北平，不愿意参加到共产党的马列主义文化圈子里边去，要在外边搞出来东西，继续他的传统。先在香港创办新亚书院，后来到台湾。

蒋介石是支持他的。可是后来台湾群众不支持他，把他赶出来了。

这几种不同的态度，很有意思。对"天人之际"，我有一套看法，就是世界观和人生观的问题。

这个世界观和人生观，我是根据史禄国，从科学上、生物学的基础上来讲的，也是从马林诺夫斯基的理论上下来的。

首先一个命题是：人也是自然的一部分。自然发展到一定时候，有了人这样一种动物，具有一个特点。这个特点是智力，使他有别于其他动物。

动物有记忆，有条件反射。人除了这些之外，还有创造性，有历史的积累和连续性。有过去、现在、未来。现在还没有把这个特点讲清楚。

人对于人文世界还欠缺自觉。天人之际，古今之变，并不清楚。

司马迁的父亲叮嘱儿子，要研究这个东西。这才是真正的人的学问。

天人之际，就是人文世界和自然世界的关系。我是这样来解释它。

人文世界是自然世界在一定阶段上的异化。有了人文世界，自然世界就出现了一个对立面。可是这个对立面仍然在自然世界里边。复杂性就在这里。

人文世界有延续性，所以在"天人之际"中又出来了一个"古今之变"。人类学是研究人文世界的学问，人的学问。研究人是怎么从自然界中异化出来的。

钱穆是抓住了这个题目了。他讲"天人之际"，这个题目不是哪一个人要讲，而是人文世界发展的需要。无论经济、科技怎么发展，还是要回来的。回到"天人之际"的问题上来。

中国老一代知识分子的态度不同，上面讲的四种，加上我，五种了。现在需要第六种。要有人讲清楚"天人之际"。

这两天看书，一个"天人"，一个"天地"，两个说法。也许是个错字，也许是两个时代的不同观念。我是维护"天人之际"的。这样讲更有道理。

所以，请你帮助我做这件事。查查《汉书》和《文选》，把其中的东西写出来。"天地之际"是怎么出来的，什么时候出来的，把它查查清楚。有人说这封信是"齐梁小人之作"，我觉得有可能性。司马迁当时的心情，不是《报任安书》的心情。

费先生说得兴奋，一直到这里，告一段落。

想起几个月前先生嘱我续写其《游滕王阁小记》一文之事，勉为其难之后，还不知先生给打几分。这次的任务是单纯查书，似乎可以轻松一些。但"把其中的东西写出来"，又似难度不小，还是老老实实做功课吧。最后能得几分，不是自己能定的。是否尽全力，全在自己。

附带说一下，费先生谈话开始时说到的无锡会议，指"发达地区城市化进程中建筑环境的保护与发展研究项目成果鉴定暨验收会"，1997 年 11 月 16 日在锡山市锡州宾馆开幕。会议由建设部主办，项目由同济大学、东南大学和清华大学联合承担。

费先生在会上听过项目总负责人吴良镛院士讲了基本情况后说——

"我当年给你们讲课。现在老师与学生的位置发生了转变。学生成了老师，我来听你们讲课了。这一课使我想起了梁思成先生当年提出的一个大问题，就是城市建筑环境的保护与发展问题。

"建国后，我和梁先生一同进了北京市建设委员会。以他为主，我做他的帮手。

"北京城怎么建法，他有一套想法，既保护，又发展。可惜不被采纳。拆了老城门，他很痛心。我也很同情他。

"后来我开了一门课，叫'建筑社会学'。人家觉得太深，就改为'城市社会学'。但后来这门课断了，没有讲完。到现在都没有讲完。我还没有讲的东西，你们把它讲出来了。

"你主要讲了'天人之际'，我觉得还要加上'古今之变'，探讨传统与现代化怎么结合的问题。

"推陈出新，不是跟着西方走，而是为人类的发展贡献中国的东西。梁先生破了题，我们后人应该接下来，拿出像样子的成果。"

后记

听费孝通先生"重释美好社会"

按：1993年夏，本书作者随费孝通先生在北戴河暑休期间写《重释"美好社会"》一文，逐日记有日记。为向读者提供更多了解费先生"探寻一个好社会"的心情、田野工作和写作细节的史料，现将当年日记摘要附录，并录费先生《对"美好社会"的思考》原文如下。

7月7日至15日 在北戴河起草文章

1993年6月，费老结束为期半月的山东调查，回到北京，接到了全国人大常委会外事局二处转交的一封信。

发信人是印度已故总理拉·甘地遗孀索尼娅·甘地，邀请费老出席将于1993年11月在印度新德里召开的第四届英迪拉·甘地国际会议。

英迪拉·甘地国际会议创始于1987年，每两年举办一届。当年会议主题是"Towards New Beginnings"；1989 年会议主题是"The Making of an Earth Citizen"；1991 年会议主题是"The Challenges of the Twenty-first Century"；1993 年会议主题是"Redefining the Good Society"。

每一届会议，都会聚集国际上有代表性的思想者，议论天下事，为人类共同发展贡献思想。

7 月 7 日 随费老到北戴河

早饭后开汽车从四号院费老家出发，中午到达住处。院子名叫"六幢楼"。入住一号楼。安定下来后，去费老房间，把出发前买的《孔子思想与当代社会》一书送给先生。

先生翻看该书目录后，说："你今天先看最后一章，我们明天谈文章。"

7 月 8 日 开始预备功课

上午 8 点，在二楼客厅。

费老说："你看看这个邀请函。出席这个会议的人，很多都是世界知名学者，规格很高，是国际学术交流的好机会。我准备接受邀请，去会上作一个发言。会议的主题，我把它翻译成'重释美好社会'。我们要准备一篇文章。

"从世界范围看，大家都希望生活在一个美好社会里边。但是现在的社会还说不上美好。还有很多人在饥寒线上下挣扎，还有冲突和战争。这样，就把美好社会的愿望寄托在未来。在人们的盼望里边，未来该是一种怎么样的秩序？怎样达到和实现？很多人在讨论。我们中国人还没有在世界上发言。

　　"从我们中国的历史看，两千五百年前的春秋战国时代，就有人热烈地讨论人与人怎么相处才好。讨论很热闹，到了百家争鸣的程度。从现状看，我们的经济发展很快，引人注目。新儒家也有一些讨论成果。所以说，中国人有资格对这样的问题说话。中国人要对二十一世纪世界秩序发表看法。

　　"乡镇企业和农村经济发展，我已经搞了十年，有了点成果，算是一个段落。再下去就难了。整个中国经济进入到世界经济里边去了。跨国集团啦，贸易啦，金融啦，房地产啦，股票啦，等等，不熟悉了，不怎么懂啊。要去研究，就吃力了。

　　"世界经济的一体化，提出了很多问题，大问题。其中有一个需要在意识形态上沟通、理解、协同努力的问题。经济上休戚相关、兴衰与共了，文化上还是各美其美。也就是说，生态方面已经进入共同网络，心态方面还是没有形成共识，两者不协调。这是当今社会的一个大问题。

　　"讨论起来，别人从经济上、哲学上、伦理上讲这个问题，我可以从我的优势讲这个问题，从人类学里边打出去。假如能够讲得好，一炮打响，从印度回来后，文章还在《读书》上发表。国内文化人都看这本杂志的。如果能够产生影响，就会有助于形成一股风气，让大家知道有一个什么样的问题需要注意。

"学者里边，我的上一代人都很厉害，又有才，又有学。国学、西学都很熟悉。视野也很开阔，有见解。到我这一代，'才'还有点，'学'就不行了。

"你先根据我讲的，研究一下，有些地方帮我考虑一下怎么表达。拉出一个初稿，我们好讨论。看看有哪些问题没有讲清楚，还需要补充什么内容。我们争取讲得好一些。

"拉初稿的时候，不要局限于我讲的这些，可以自己动脑筋，有所发挥。"

下午依费老嘱咐读书。《孔子思想与当代社会》最后一章是"孔子的教育思想与当代社会教育"。仔细读完这章的文字后，读费老的三篇文章，分别是《人的研究在中国》、《孔林片思》和《从小培养二十一世纪的人》。

《人的研究在中国》是费老在1990年写的。那年7月，费老去日本东京出席"东亚社会研究"讨论会。那年费老八十岁，这个会有为他祝寿的意思。所以费老在会上的演讲方式很特别，首日作发言，闭幕又作答词。发言和答词合到一起，就成了《人的研究在中国》。

费老晚年著述中，这篇文章有特殊意义。写在文章末尾的"各美其美，美人之美，美美与共，天下大同"，是费老第一次完整、正式地在国际学界提了出来。那是中国学者对人类前沿问题思考深度、研究成果的一个标杆。

1949年以后，在社会和人文学科领域的国际论坛上，由中国学者标举的类似思想制高点极少出现。

《孔林片思》写于1992年6月。费老到山东沂蒙山区考察时，附带去了曲阜的孔庙、孔府和孔林，顺道还去了邹平，为梁漱溟先生扫墓。

梁先生有"最后一个儒家"之誉，是费老的前辈，他由衷敬佩。走在孔庙里，费老思绪飘飞，很有点"前不见古人，后不见来者"的感怀。尤其是他关于"培养新时代的孔子"、"世界性的战国时代"等话题，很有提神醒世的思想震撼力。

《从小培养二十一世纪的人》，是这三篇文章里最早的一篇，写于1989年夏，是费老为"二十一世纪婴幼儿教育与发展国际会议"写的演讲词。其中已经谈到"二十世纪有点像世界范围的战国时期"这一话题。

说到世界的巨变，费老的一段回忆很是动人——"七十年前我心目中外婆家是那么遥远。在运河上坐一条手摇的小木船，一早上船，船上用餐，到外婆家已近黄昏，足足是一天。从地图上看只有十五公里的距离。现在通了公路，中间不阻塞，十多分钟就可以到达。距离的概念已经用时间来计算了。"

这几篇文章，时常读到出神，甚至是坐忘状态。天地间只有思想的声音。学术和思想能如此美好，如此沁人心脾，平时极少有机会体会。

回头看费老，阳台上，一尊佛。

费老端坐于藤椅，手里拿着头天（7月7日）的《人民日报》，目光落在第二版上部，一行大大的黑体字赫然入目——"中国仍属于低收入发展中国家"。阅遍世界风云的目光，停在最后一段文字——"第六，地区之间、城乡之间发展还不平衡。中国地域辽阔，资源分布不均，地区之间、城乡之间经济发展不平衡现象还比较突出。1991年人均国内生产总值最高的上海市为6675元，而最低的贵州省仅为890元，前者是后者的7.5倍。1990年居民消费水平上海为1908元，而贵州仅为445元，前者是后者的4.3倍。目前我国1903个县中还有520多个贫困县需要国家财政扶持。"

地区之间、城乡之间的不平衡，正是费老已持续关注多年的问题。

傍晚，陪费老在院中甬道散步。边走边请教问题。费老说，文章要谈出三个层次的秩序。生态秩序，由人与资源、人与土地的关系构成；社会秩序，由人与财富、人与分配的关系构成；心态秩序，由人与人的关系构成。

7月9日　起草初稿

黎明即起，开始起草初稿。

费老见状，走过来说："你不要拼命，慢慢来。"

当日全天时间分为三段：上午、下午、晚间。吃饭和休息外，持续起草工作。晚间写至次日凌晨2时。

今天为赶文章起草任务，没有陪费老散步。

7月10日　天亮后起床，续写

上午11时，完成初稿。

费老粗看一遍，嘱咐道："要把心态秩序解说得比较详细，说清楚。"又说："我们这样写可以吧。还没有人这么讲过。"

这次出发前，曾在家中找了几本或有参考价值的书带在手边，此时摆在书桌上。其中有《日之魂》《月之魂》，属于"中华魂"系列丛书。另有《东方和平主义源流》等。费老看见，表示有兴趣看看。

待费老坐到阳台藤椅上后，把书送上。费老独坐阳台，兴致颇高，细致披阅，每次长达两个小时，连续数日不辍。

晚饭后，陪费老散步于院中甬道，听先生谈对"中华魂"系列图书的看法。

费老说："书写得还是不错的。文笔很好，能吸引人，有兴趣读。作者的功力差一些，但能看出来读了不少书。他不是从事实出发，提炼出来主题，而是先有一个主题，找出象征物作为代表，再从许多书里边找出有关的资料，把资料集合在一起。这样做，当然要看很多书。因为他是为表达一个主题而去看书，所以就很难深入进去。这里碰一下，那里碰一下，都是碰一下就回来了，没有深入。不过，作为年轻人，能这样已经不错了。作者的年龄比你稍大一点是吧？"

"费老，我这个年龄上下的年轻人，国学和西学都不行。我们受的教育太不完整，不正规，不系统，所以确实功底很浅，功力很差。就像我吧，'文革'开始那年，我是在小学，才上到五年级，还没有毕业。中学阶段就更不用说了，课堂上都是政治内容，连英语都是'革命委员会好'、'千万不要忘记阶级斗争'之类的句子。该学的知识什么也没有学到。直到一九七七年恢复高考，进到了大学里面，连教材都还不齐。老师临时编一点，我们自己刻蜡版印出来用。"

"唔，太不幸了。你是什么地方人？"

"祖籍是江苏。"

"江苏什么地方？"

"连云港，赣榆县。"

"唔，连云港我去过，赣榆县去过的。你跟我去过没有？"

"没有。我在文章里读到您去赣榆县考察的情况。"

"再去我们一起去。我就是这样到处跑，到处学习，学到了不少东西。一边跑，一边看，从看到的事实出发，来思考问题，分析过程，提出观点，和大家讨论。希望你多留心一些这个路子，还是很有用的。学术研究就是要结合实际，从实际出发，解决实际问题。不然它有什么用？至少，对我来说是这样的。"

7月11日 集中修改文章

全天时间，费老集中精力修改文章。

晚上看过央视新闻联播，费老起身说："你们玩吧，明天见了。我要上去改文章了。"

7月12日 费老杂谈学术和人物

晨，陪费老院中散步。对先生说，带来的书里边，还有李约瑟的《四海之内》，许倬云的《中国文化与世界文化》。

先生说："你拿给我看。我和李约瑟很熟的。他来看过我。他从科学技术史角度入手，研究中国文化，有他的优势。"

午饭前，先生把初步改定的文稿夹在一个老式讲义夹上，递过来说："我整个改了一遍，把那天说的三个秩序层次和三个步骤捏到了一起，又缩短了一些。演讲是十分钟时间，文章长了不行。长了人家也不喜欢看，所以浓缩一下，拣最主要的讲。还有不少内容，就暂时不讲了。文字表达上很费脑筋的。要考虑听我讲的都是什么样的人，我是个什么样的人，用什么角色讲这个话，从什么样的角度对这个问题发表看法。你再看一下，有什么不足，哪里的表达还有问题，给我说一下。改定后麻烦你抄一遍，再接着改。"

说过，费老回身从桌子上拿起《中国文化与世界文化》说："这本书不再看了。写得不行。他是用英文思考，用中文写作。谈到了很多问题，但是太散。架子很大，但是不集中，立不起来。我可以从书里边知道他想说什么话，但是他自己没有说清楚。所以我没有看完。看了前面一部分，知道他要说什么了。不想再花时间看了。"

"费老，您也该休息一下了。您每天看书，一坐就是两三个小时。别太累着，毕竟上年纪了。"

"我能这样连着读书的时间很少啊。没有机会啊。在家里来人多，公务多，会议多，看不成书。出去访问调查，日程紧，也不轻松，我就在车上看。那只能一段一段看。像现在这样一连好多天，每天好几个小时能连续不断，没有人打扰，机会难得。要利用好啊。还有，请你帮助我买一些书。我想看，手头没有，吴越文化、齐鲁文化、荆楚文化……听说有这样的书。"

"是有，我见过。是一个系列。"

"哎，帮我买一下。我想看啊。不用多买，有一两本就够，就可以知道水平怎么样了。这样的题目是值得写的，关键是有没有想法，有没有思路，融汇起来，发一家之言。像许倬云那本书那样，东拣一点，西拣一点，都是拣来的，没有自己的，不是土生土长的，就不够深刻。我喜欢看梁漱溟的东西，他说出来的是他自己的学问，不是别人的。"

"现在已经有《梁漱溟全集》了。费老您要看吗？"

"要！要！你回北京就帮我买。或是民盟中央买，我借来看。想看的还有冯友兰的东西。"

"冯友兰的书也不少，还有《三松堂全集》，是河南出的。"

"是他家乡出的。《三松堂全集》我也要看。现在手边只有他的一本小书。"

"好。回到北京就去帮您买梁先生和冯先生的全集。"

"好！好！这两个人的东西我要好好看。"

"晏阳初的书也出版了，三本一套。"

"晏阳初的书先不看。"

"您还需要什么书？"

"清末几个大学者的书，像龚定庵、黄遵宪的书，还有其他人的，见了也帮我买一下。这一代学者是大家，我这一代人中大家就少了，东西也不行了。还有老舍，我喜欢老舍，有骨气。曹禺就可惜了，那么好的底子。《雷雨》也相当好，后来就不行了，投降了。再也出不来东西了。我说投降，不是向哪个人投降，是向庸俗投降。庸俗了，就没有意思了。为了个什么官儿，丢了本色，太不值得了。巴金没有投降，但写了《家》之后，再也没有拿出像样的东西。这些人让政治害苦了。郭沫若的东西我不喜欢。文化人，本来有志气、有才华。出卖灵魂了，东西就不行了。金克木现在很活跃，他的东西怪，面也宽，什么都想说一说。张中行最近也写了不少东西，文字是可以的，就是境界不够。我们民盟的冯亦代先生是个用功的、老式的好学生，文章也正，但是现在这样的文章不吸引人。吸引人的是王朔那样的东西。所以现在坚持严肃纯正的品格很难。"

"费老，李约瑟这本书好看吧？"

"好看，很好看！他懂的东西真多啊。科技、历史、哲学、宗教、文学……写的诗也漂亮，才学兼备，很了不起！这本《四海之内》我看完了，还给你，谢谢你给我看这本书。这里边只有这一篇《现代中国的古代传统》不太好，也太长。其他的都很好。诗很有光彩。他对东西方文化的交流有很多很好的想法。双方都了解，都熟悉，就容易高明起来。国内现在还活着的人，在这些问题上有一定水平的人不多。我知道的，有个李慎之，中国的东西他熟悉，西方的东西也看了不少。我看过他写的一点东西，还是不错的。"

"李慎之先生最近写有一篇文章讨论东西方文化的异同和融合问题。"

"这要找来看看。你手边有吗？"

"有。我带来一份复印的。"

"什么题目？"

"题目是'辨同异，合东西'。"

"发表在什么地方？"

"是在《瞭望》周刊发表的，分上下两部分。"

"你拿给我看看。"

返回住房，找出李先生的文章，送到先生手上说："费老您先看吧。"

"好。你抄文章的时候还有什么想法，先记下来。我们明天接着谈。"

7月13日 告一段落

上午，抄出文章清样。费老确定题目——《对"美好社会"的思考》。

把抄妥的文章拿给先生。费老说："好啦！我们完成了一个事情。是初步完成。还要找些人征求意见，进一步修改。这个演讲，关键的话就是那么几句。人类社会发展到今天，过去处在分散状态的不同群体，已经在经济上联成了一体。你离不开我，我也离不开你。在这种局势下，各个群体在意识形态上还抱着各是其是、各美其美的心态，就不利于大家发展，不利于共同繁荣了。各美其美的心态，是在不同的生存环境和发展条件下形成的，有它的历史成因。现在时代条件变了，要提高一步，从各美其美走向美人之美。要容忍和理解别人在'美好社会'的观念上有不同的标准。不以力压人，不以意识形态的不同去干涉别的主权国家的内政。有了这个基础，大家才可以和平共处，互相协作，共同繁荣。"

"您的意思是，冷战思维该进历史陈列馆了。冷战是双方的事，改变过去的观念，也需要大家一起来。不是东风压倒西风，也不是西风压倒东风。中国老话叫'惠风和畅'。大家和气，共同发展繁荣。"

"对啊！就是这么几句，但又不能上台就说这几句就下来，所以要以这个意思为核心，再多说几句。说出来后，人家能听明白我们的意思，还认为有它的道理，可以作为一个说法，这就行了。同意不同意，不去管它。回来以后，作为文章发出来，力求雅俗共赏。水平低一点的，看了之后知道是什么意思，水平高一点的，能从里边品出些味道——能过了这个关就行了。这个关也不容易过的。光说几句马克思怎么说的，过不了这个关的。要研究啊，研究现实问题啊。"

"费老，这个问题，您开了头以后，会有些有心人跟上来研究的。我这一代就有不少人关心这个问题。"

"要形成风气才行。形成风气需要一定的社会条件。要有几十年的稳定和发展，让有志于这个问题的人有一定的物质条件，他才有心情去研究。我们这一代人里有人研究这个问题，研究得相当深入，是因为他们比较安定。虽然整个社会不够安定，但有这样一部分人是处在安定状态的。你们这一代人现在看来有希望安定一个时期，可以接下去研究。我只能先有这么些思考，先讲一下，算是破题。要想深入研究，那就要下功夫看几本大书。不知道我还有没有这个时间。"

"费老，您的身体和脑筋都这么好，有的是看大书和研究问题的时间。'右派'问题改正时，您不是说'还有十块钱'吗？现在上帝再奖励您十块二十块，不是太难的事情。您不是开始享用了吗？"

"那就是上帝的事了。我们的文章，现在先写成这个样子，还要修改。修改前要征求一下意见。你负责找人，一份给李慎之，一份给冯之浚先生。再找两个你这个年龄、这方面有思考有见解的年轻人，请他们提意见，不要客气。你的朋友也不要客气。请他们看看，一个是主题是否清楚，一个是讲法是否适当。哪些地方可以加以发挥的，写出来。篇幅不宜增加太多，一页左右就可以了。"

"我的朋友能有机会参与进来，发表意见，提建议，他们有福了。"

"我下月一号回北京定稿。这之前你先把意见收集上来。我的时间紧，一号回北京，三号就回来。这期间最好能和李慎之见一面。让张秘书同他联系一下，看他的时间。文章定稿后，翻译英文的事，先找人大。人大不行再让潘乃谷找人。这次演讲，因为主题是'重释美好社会'，原来想讲一下我对这个概念的解释。现在看来，还是先不讲。不讲定义了。留给后人去讲。"

"费老，后人演讲这个问题，为'美好社会'作定义，会参考您对这个问题的思考。也许会有人为了解您这方面思想的形成去读您以前的书。如果没有条件把您过去写的东西都读一遍，怎样去选其中最主要的著述才能把您的学术思想和研究方法贯穿起来呢？"

"第一本是《花篮瑶社会组织》，然后才是《江村经济》、《云南三村》，方法都在里边，很细致。观点也在里边。是那时候的观点。比如中国的问题是农民问题，农民的问题是饥饿问题，由温饱到有余需要家庭工副业的问题。1952年以后，尤其是1957年以后，就不得不封笔了。一封许多年。好在1957年以前的研究没有停，接触了民族问题。所以'文革'结束后，改革开放以来又写的东西，能拿给人看的就是'多元一体'，就是《中华民族多元一体格局》，然后是《行行重行行》。这本书是可以站得住的，倒不了的。实践已经成功了嘛！这本书是跑出来的。别人不像我这么跑，所以我能写出来，别人写不出来。这本书对基层干部会有大的帮助。对文人、对知识分子用处不大。"

"但是能让文人、让知识分子受触动。"

"最近苏州出版社要出我一本散文集，下个月就该出版了。这里边都是我比较喜欢的散文。这本书是跟《行行重行行》搭配的，是配对的。书名是《逝者如斯》。"

"费老，您前些年说过，要写一本《江村五十年》。这本书什么时候能出来？"

"《江村五十年》看来不一定写得出来了。"

"我知道有不少读者想看您对自己学术生涯的回顾和思考，他们有机会看吗？您在八十岁那年说过，八十岁可能是个年龄界线，跨过了这条线，会觉得轻松自由些，因为余下的岁月已不大可能改变一生铸下的功过了，可以有平静心情检视留下的步步脚印了。您有没有个计划？我想，中国学界乃至国际学界会有不少人希望看到您对一生治学历程的系统回顾和解说。"

"不能说有计划，但有个想法，想写一本《对于社会学的思考》，算是对自己一生道路的回顾。这本书的前几篇我已经想好了，后面的还在想。想好后再写出来，还要有个过程，很费脑筋，很不容易，需要时间。我要争取跨过这个世纪。这样就有足够的时间把它写出来。"

"费老，从现在算，还有六年半不到的时间，就进入下个世纪了。到那一年，您正好九十周岁。民盟的一些老先生，像您念叨的梁漱溟先生、冯友兰先生，都活到了九十五岁。您进入新的世纪应该是没有问题的。"

"好啊，我也这么希望。我会努力争取的。你现在调到民盟来，在区域发展研究委员会工作，会有很多机会接触社会实际，从事社会调查，可以多留心，多学东西。下点功夫，不用着急出东西。要多跑多看。我这点东西就是跑出来的。行行重行行嘛！搞调查，最好能在一个地方住的时间长一点。我此前就是这样的。现在不行了。一个是年纪大了，一个是还有个身份。官场讲这一套。一去，人家就当是领导来了。想看的地方，人家不给你看啊。到了地方上，去哪里看，是他给你安排啊。本来是想看个农户，同老乡聊聊天，看看他的生活，问问他的难处，可是一去一大堆人，当地领导也跟着，就不好说话了嘛。中国人讲究面子，农民善良，怕领导丢面子，有不满意的地方也不好说啊。不像我年轻的时候，单枪匹马，一个人去，两个人去，一住很长时间，每天就在农民的生活里，听的看的，是真情况。那才是调查嘛。如今人老了，身份也变了，社会风气也变了，还想像当年那样自己去跑，甚至去闯，不现实了。我的好处，是自己没有把现在的身份当个官儿，而是利用这身份为老百姓做点事情。还是想接触点社会的实际情况。跑到外边，跑到农村，即便看不见真正想看的，总还是多少接触到一些基层的情况。比待在家里强多了。同时也体会出来，在别人的帮助下，这个年纪还能跑得动，还能从看到的情况想问题，写文章，心情也不一样。比如我想从农民的穿衣去看他们的生活水平和消费，他总不能把人家的衣服都换了；我要从一个地方的烟囱多少去看那里的工业化程度，他总不能栽点假烟囱嘛。所以，虽然老了，还不至于糊涂。你还年轻，不到四十岁，还有几十年时间可以干。注意利用好民盟的有利条件，视野开阔一点，治学扎实一点。胸怀全局，脚踏实地，会搞得出东西的。要有信心。功夫不负有心人嘛！"

感谢先生鼓励和指教。敬录《对"美好社会"的思考》以作近日小结——

对"美好社会"的思考

非常感谢这次研讨会给我提供今天这个机会，能在来章敬的学者座前陈述我对"美好社会"的一些思考并听取各位的赐教。

在二十世纪行将结束二十一世纪即将来临的时刻，提出"重释美好社会"的课题，让来自有不同文化背景的学者交流见解，是一件对今后人类发展其有重要意义的事情。我很高兴地认识到这次研讨会策划十分完善。

我是一个中国的研究人类学者。由于我的训练，我不善于从哲学或伦理学的立场来探讨今后人类应当对"美好社会"作出美样的理解，我只有从人类历史或现实的事实出发，认识其有不同文化的

1993年盛夏定稿的《对"美好社会"的思考》，是费孝通六十多年探寻心得的浓缩。（手稿局部）

它通过诸如神话、传说、宗教、训诫、哲学和文学等等种种多样多样形式

第 2 页

人和集团所体有使美好社会的意义，就其变化和引起的社会效果进行思考，描述今后尘全社会所成社种意义会对这种意义发生怎样的变化加以思考。

事实上，自从人类群体以来，"美好社会"是群体生经不可缺少的社会。说是人类社会意识中必备的要意。它不仅体现了群体中各个人的意志，而且每个产生种群体社会力量就其间而说。它是个人的主观意志与其完会群体的客观群志的统一体。

"美好社会"的内涵是各群体在不同客观条件下取得不同发展的经验中提炼出来。在这究实联群任经验而形成，因为它属于历史的范畴。所以不同的各个群体对"美好社会"可以有不同的内涵，各自告给自己的认可。它是真实不是主意。是群体的意基础。

社会生活群列是各群体社会意识所以所持份合作任务，具有"美好社会"的社会是人类社会的共

26×15=300　　　中国社会科学院社会学研究所稿纸

对"美好社会"的思考

费孝通

非常感谢这次英迪拉·甘地国际学术讨论会为我提供今天这个机会，能在素来尊敬的学者座前陈述我对"美好社会"的一些思考，并听取各位的赐教。

在二十世纪行将结束、二十一世纪即将来临的时刻，提出"重释美好社会"的课题，让赋有不同文化背景的学者交流见解，是一件对今后人类发展具有重要意义的事情。我能参加这次讨论感到十分荣幸。

我是来自中国的人类学者。由于我的学科训练，我不善于从哲学或伦理学的立场来探讨今后人类应当对"美好社会"做出怎样的理解。我只能从人类历史发展的事实出发，对具有不同文化的人和集团所持有的"美好社会"的意念，就其产生、变化和引起的社会效果，并对今后在全球社会形成过程中这种意念会怎样发生变化试作初步思考。

事实上，自从人类形成群体以来，"美好社会"总是群体生活不可缺少的意念。它是表现为诸如神话、传说、宗教、祖训、哲学和学说等多样形式的价值信念。总之，它是人类社会意识中必备的要素。它不仅体现了组成群体的各个人生活上追求的人生导向，而且也是群体用社会力量来维护人和人相处的规范。它是个人的主观意识和群体社会律令内外结合的统一体。

"美好社会"的内涵是各群体从不同客观条件下取得生存和发展的长期经验中提炼出来，在世世代代实践中逐步形成，因之它属于历史的范畴。所以不同的群体对"美好社会"可以有不同的内涵，各自肯定群体共同认可和相互督促的理想。"各是其是，各美其美"。它是群体的社会行为准则的基础，是各群体社会生活所赖以维持的价值体系。具有"美好社会"的意念是人类社会的共相，而所认定的"美好社会"的内涵则是各群体不同历史条件所形成的个性。

在群体能够在自给自足的封闭状态下生存和发展时，各个不相关联的群体尽可以各是其是，各美其美，各不相干。但是，在人类总体的发展过程中，这种群体相互隔绝的状态已一去不复返了。群体间的接触、交流以至融合已是历史的必然。因此在群体中不仅人和人之间有彼此相处的问题，而且群体和群体之间也有彼此相处的问题。价值观点的共同认可使人和人结合成群体成为可能，而群体之间价值观点的认可使群体相互和协共处进而合作融合，却是个更为复杂和曲折的过程。价值观念不同的群体之间相互往来中，协作是经常的，而且是历史的、系统的，人类只有不断扩大其分工合作的范围才能进步。但是矛盾甚至冲突也是不免的。当任何一方触及到对方的生活以至生存的利益而发生冲突时，双方都会利用其价值信念对内作为团结群体的凝聚力量，对外作为指责对方的信念为异端以形成同仇敌忾的对抗力。因而，意识形态上的相异被卷入了群体冲突的场合。这类冲突甚至可以发展到兵戎相见。历史上群体之间以意识形态中价值观念的歧异为借口而发生的战争史不绝书，至今未止。当前世界依然面临这种危险。

在这里简单回顾一下人类的近代史也许是有帮助的。五百年前，西班牙人哥伦布发现了一个过去没有欧洲人到过的"新大陆"。这个发现不仅是欧洲人新的地理知识，实际上也是欧洲甚至世界进入了一个新的历史时期的标志。以欧洲的文艺复兴、宗教革命带来的现代科技和经济的发展，把整个地球上的各个大陆都紧密地联系了起来；原来分布在五大洲广大地域的无数人类群体却从此不再能相互隔绝、各自为生了。但是它们在这五百年里，并没有找到一个和平共处的秩序，使他们能同心协力来为人类形成一个共同认可的美好社会。相反，从海上掠夺、武装侵略、强占资源开始，进而建立殖民统治和划分势力范围，形成了以强制弱、争霸天下、战争不绝的形势，这都是过去五百年里历史上的事实。在这段历史里，人类科技的发展固然一方面加强了人利用自然资源的能力，同时，却也出现了人类可以自我毁灭的武器。以上这短短几句话里所描述的局势，此时此刻正引起广大人士包括在座同人的困扰和忧虑。

我个人在二十世纪里生活了有八十多年，从出生不久即发生的第一次世界大战起到现在，可以说一直生活在大大小小的战争阴影下。两次世界大战给人类带来了严重的灾难，我们这样年纪的人都记忆犹新。这使我感到，全球性的世界大战可能就是这个二十世纪在整个人类历史里的独特标志。在它之前，群体间的战争是常有的，但没有过包括整个世界那样大的范围。在这个世纪行将结束的时候，我相信世界上没有人还会不明白，如果二十世纪的这个经历继续进入二十一世纪，再来一次世界规模的战争，已有的人类文明，甚至整个人类，将告结束。但是怎样使人类在二十一世纪里走上一条能和平生存下去的新路呢？我认为这就是这次为纪念甘地夫人而举行"重释美好社会"讨论会共同关心的主题。

我总是认为各群体间价值观念和意识形态上存在一些差别不应成为群体冲突和战争的根据。如果用比较方法去具体分析人类各群体所向往的美好社会，基本上总是离不开安全和繁荣这两项基本愿望。这两项基本愿望只有通过群体和平协作来实现，没有引起你死我活相对抗的理由。因此我总是倾向于认为历史上群体间所有意识形态之争，不论是宗教战争、民族冲突以至结束不久的"冷战"，实质上都是群体间物质利益的争夺，意识形态的水火不相容原是物质利益争夺的借口和掩饰。

我也承认意识形态的歧异之可以被利用来作为其他实质矛盾的借口和掩饰而上升为对抗，也有人类常有的心态作为基础。那就是各个"各美其美"的群体在相互接触中，发生了"唯我独美"的本位中心主义，或称自我优越感，排斥和自己不同的价值标准。中国古书上就记下了早期人类本位中心的信条，即"非我族类，其心必异"，那就是说凡是和自己不属于同一群体的人不会有一条心的。本位中心主义必然会发展到强制别人"美我之美"，那就使价值标准的差别形成了群体之间的对抗性矛盾。我们古代的孔子从根本上反对这种本位中心主义，提出了"有教无类"、"己所不欲，勿施于人"，意思是在可以接受教化上，人是不分类别的，凡是自己不愿意接受的事，不要强加于人。人的价值观念可以通过教育取得一致，但是不能强加于人。

在这里可以回想起结束还不久的"冷战"时代。过去一般总是把这个时代看成是意识形态对抗的时代。事过境迁，现在是否可以说有识之士已开始明白，"冷战"的实质还是两霸对势力范围的争夺。不久前没有通过公开的战争，一时西风压倒东风，在旦夕之间结束了冷战。如果"冷战"的实质是意识形态之争，意识形态绝不是旦夕之间可以改变的，必须经过长期的群众自觉思想转变才能实现。

再看我们中国在解决香港顺利回归祖国的问题上提出"一国两制"的原则。这个原则的实质从正面来说明以不同意识形态为基础的两种社会制度是可以在统一的政治体制下，一个主权国家之内，并行不悖，而且可以相互合作取长补短，促进共同繁荣的。那就是把意识形态和经济政治予以分别处理，求同而存异。

二十世纪最后的十多年中所发生的这些新事物值得我们深入地进行理解，其中是否可以得出一种看法，人类大小各种群体是可以各自保持其价值体系而和其他群体建立和平互利的经济和政治关系，只要大家不采取唯我独美的本位中心主义，而容忍不同价值信念的并存不悖。在群体间尚没有通过长期的交流达到自觉的融合之前，可以在求同存异的原则下取得和平共处，并逐步发展为进入融合一致的大同世界准备条件。

作为人类学者，入门的第一课就是要设身处地地从各群体成员的立场去理解各群体人们的实际生活。我们要学会"美人之美"，像各群体自己的成员那样欣赏和领悟他们所爱好的价值体系。"美人之美"并不要求"从人之美"，而是容忍不同价值标准的并存不悖。但要求摆脱本位中心主义，而采取多元并存的观点。应用到经济上，是不要阻障有利于双方的竞争，不采取只图单方面的短期利益的保护主义，而坚持相互开放和机会平等；应用到政治上，首先是不要干涉别的主权国家的内政，不以力服人，而以对话代替对抗，平等协商来处理国与国之间的矛盾。这是在人类的各群体还没有融合成一体，而政治和经济已经密切联系的现阶段，也可能就是即将来临的二十一世纪，我们可以力求做得到的现实态度。"各美其美"和"美人之美"并不矛盾，而是相成的。只要我们能更上一个认识的层次，大家在求同存异的原则上完全可以亲密地共同合作相处。

这些作为群体之间共处的基本守则，是为一个完全繁荣的全球大社会的形成做出必要的准备，也是避免在这大社会形成之前，人类历史进程受到灾难性的挫折，而倒退回到不文明的状态，或甚至使人类让出其主持这个地球发展的地位。

作为一个人类学者，我也坚信人的信念、群体的社会意识形态是不断变化和发展的，我们永远是一个从不够美好追求更为美好的过程中，分散独立的人类群体经过了百万年的历史演化，到目前已经可以遥望到一个囊括全人类的协作发展的全球性大社会。这个全球性大社会，我们中国古人就称为大同世界的共同道德秩序，怎样实现和什么时候实现，在目前还活着的人也许尚难以说出答案。但是又只有在当前人类的努力追求和不懈探索中，这个最后的"美好社会"才会出现在这个地球上。

以上我冒昧地如实表达了我个人的一些看法，请多予指正。

1993 年 7 月 14 日

附录一

费孝通先生访问江村纪事

第一次

1935 年底，费孝通在瑶山调查中不幸受重伤，经瑶族同胞救出，多方延医。1936 年 7 月，伤势好转后，接受姐姐费达生的建议，回家乡江苏吴江养伤。在开弦弓村小住期间，受村中缫丝厂生产场面吸引，开始作实地调查。见闻写成《江村通讯》，连载于天津《益世报》"社会研究"专刊。其中首篇《这次研究工作的动机和希望》一文，为开弦弓村冠以学名"江村"。这次调查所得素材，在其留学期间写成博士论文《江村经济》，1939 年在英国出版，得学界盛誉。

第二次

1957 年 4 月 26 日至 5 月 16 日，费孝通带领一个调查组住在江村，《新观察》杂志社派记者随行。调查组以小型座谈会、个别访问、实地考察、向有关部门索取材料等方式，详细了解 1936 年后村中生产、生活、家庭、社会变化情况。费孝通根据调查素材所写长文《重访江村》反映了建设成就，也分析了问题根源，提出了改进设想。该文连载于《新观察》杂志，后因"反右"运动被迫中止。

第三次

1981 年 10 月 1 日至 4 日，费孝通为接受英国皇家人类学会颁发的赫胥黎纪念奖做准备，第三次访问江村。在红卫大队、立新大队，向干部和群众详细了解农业、副业、工业、土地、人口、文化教育、农民收入、家庭生活等情况，还参观了庙港缫丝厂，看望老工人。是年 11 月 18 日，在英国伦敦"赫胥黎纪念奖"颁奖仪式上，费孝通以《三访江村》为题发表演讲，揭示中国农村工业化的苗头和趋势。

第四次

1982 年 1 月 6 日至 14 日，费孝通为四访江村，从吴江震泽坐船出发，经两个小时到达红卫大队。针对交通不便的问题，他对当地干部说："要想富，先修路。农民要富裕，先要改善交通条件。庙港震泽要通公路。"了解到村里工业发展情况，表示："乡村工业的生命力是强大的，是农民自己需要的，是有基础的。"费孝通书写白居易《忆江南》、贺知章《回乡偶书》和李绅《悯农诗》等条幅，分赠庙港公社、开弦弓大队和荷花湾大队，表达热爱家乡的心情。

第五次

1982 年 10 月 24 日，费孝通带着"社会调查更上一层楼"的想法，和中国社科院社会学所的同事同访江村，对村中工业结构、劳动力配置、文化教育、农民生活等方面情况作细致了解。他在村民蒋云娥家里牵磨，到打谷场了解村民收成。针对社队工业、集体和家庭副业，费孝通说："村里有东西卖出来，农民手里有钞票，可以到市场上去买需要的用品。所以吃饱、穿暖、有钱花是农民生活改善和农村经济繁荣的具体内容。"

第六次

1983年5月2日，费孝通带领中国社科院社会学所、中共江苏省委政研室、江苏省社科院社会学所组成的联合调查组，在江村举行大队干部座谈会，探讨乡村工业的发展。3日，由村干部周明芝、沈春荣、谈雪荣陪同，访问第十一村民小组陆兴福、周宝明，了解养蚕和养兔情况。4日起，在半个多月时间里，带领调查组对吴江七大镇开展全面调查。

第七次

1983年10月3日至8日，费孝通访问江村丝织厂和庙港缫丝厂，考察震泽、梅堰两镇。邀请正在庙港与乡、村办企业开展横向联营的苏州光明丝织厂、苏州益民化工厂负责人，座谈加强城乡工业合作问题。

第八次

1984年10月21日至23日，费孝通访问江村丝织厂、罐头食品冷饮厂，看望村里多年相识的老朋友，走访县里部分乡镇骨干企业。23日，在松陵镇红旗电影院向县机关干部和全县乡镇长作学术报告，向家乡民众汇报调查成果，希望乡亲克服小富即安的心理，增强市场经济意识，加快发展。

第九次

1985 年 7 月 9 日至 22 日，费孝通到吴江考察乡镇企业和农业发展情况。13 日，在江村邀请土改时的村干部和现任干部，先后两次座谈，了解农民生活和经济负担情况。14 日，在松陵镇为县机关和乡镇干部作学术报告，赞扬为发展乡镇企业"千山万水、千言万语、千方百计、千辛万苦"的创业精神，肯定吴江"以工补农，以工建农"的做法，提出"草根工业"概念。随后，费孝通在《新华日报》发表《九访江村》一文。

第十次

1985 年 10 月 12 日至 18 日，费孝通为"江村调查五十年"纪念活动做准备，住进新建的庙港乡政府招待所"万顷阁"。看到江村新建的一幢幢楼房，感到欣慰。与老村长周富林一家人座谈生活变化。参观吴江县档案馆史料陈列室，知家乡档案馆还完好保留自己已遗失的 1957 年重访江村调查材料，表示感谢，为该馆题词："加强档案工作，为地方社会经济发展服务"。

第十一次

1986 年 5 月 16 日，费孝通与应邀前来的日本东京大学教授中根千枝、美国康奈尔大学教授巴乃特同访江村，一起听取村干部的情况汇报，参观村办工厂，走访村民家庭。到重访江村时的房东周文昌家做客，并在周家共进午餐。是年 6 月，费孝通随胡耀邦赴欧洲访问途中，在英国伦敦政治经济学院作题为《江村五十年》的演讲，回顾江村半个世纪中的发展变化。

第十二次

1987年5月31日，费孝通到江村听取全村经济发展和庙港工业、农业、副业发展的情况汇报。6月1日，在吴江县机关领导干部会上作报告，以江村为例讲乡镇企业发展。针对乡镇企业出现的困难，对其发展前景作出分析和讲解，提出克服困难的思路——搞好技术改造，提高管理水平和产品质量，搞好产品销售，利用地区性需求的时间差，走在市场前列。

第十三次

1987年9月4日，费孝通访问江村，北京科教电影制片厂派员随行，拍摄电影资料。他们访问了第十五村民小组陈耀祥、徐林宝两家农户。随后，费孝通还陪同日本上智大学教授鹤见和子及其所率日本日中小城镇研究会代表团，一行八人在江村和吴江其他乡镇作实地考察，并在同里古镇退思园就城乡关系问题进行学术交流。

第十四次

1990年4月14日至15日，费孝通赴上海、南京、杭州等地作长江三角洲考察途中，回家乡吴江，访问江村、东方丝绸市场、吴江新民丝织厂。在江村听取情况介绍，参观庙港缫丝厂的自动缫丝车间。为该厂建厂六十周年题词："严、细、实、创"。

第十五次

1991年4月14日至21日，费孝通到江村和庙港、盛泽等乡镇考察。看到农民住房从草房变瓦房、一层变多层、楼房变别墅，发生在改革开放后十多年时间里，费孝通感慨农村工业带来的巨大变化。随着乡镇企业从无到有，从小到大，从弱到强，田埂上走出了一批批企业家，费孝通怀有深刻印象和由衷敬意。回京后，写出《吴江行》一文，在《瞭望》周刊发表。

第十六次

1993 年 10 月 14 日，费孝通与第四届"现代化与中国文化研讨会"代表一起访问江村。中共吴江市委书记沈荣法到江村向来宾介绍发展情况。费孝通称许江村自中共十一届三中全会以来发生的巨大变化，快慰于父老乡亲靠智慧和双手劳动，把家乡建设得富足而美好。

第十七次

1994 年 10 月 13 日至 15 日，费孝通配合专题片《行行重行行——费孝通与中国农业现代化》的拍摄，偕姐姐费达生到江村访问，走访农户。在村民姚金凤家里座谈，在周文昌家共进午餐，到开弦弓小学看望小朋友，还访问了庙港缫丝厂，同当年开弦弓生丝精制运销合作社的老工人座谈。

第十八次

1995 年 5 月 15 日至 19 日，费孝通到江村参观新建的小学和农贸市场，向邱纪珍的女婿了解小商店经营和家庭生活情况，还询问了邱纪珍的身体情况。

第十九次

1996 年 4 月 4 日至 8 日，费孝通访问江村，听取庙港镇关于太湖水资源保护与开发情况介绍，希望乡花气力做好水的文章。在农户徐林宝家，费孝通询问其生活情况，包括新房子的建筑时间等。7 日，在吴江宾馆与"江村—江镇"课题组成员见面，鼓励年轻人关心中国农村发展，大胆探索新路，做出成绩。

第二十次

1996 年 9 月 19 日至 21 日，"费孝通教授学术活动六十周年研讨会暨欢聚会"在吴江宾馆举行。钱伟长、丁石孙、刘延东等到会讲话。与会代表一起随费孝通访问江村，观看《费孝通教授访问江村六十周年图片展》和江村远景规划沙盘模型。费孝通向庙港实验小学赠送《爱我家乡》等书籍。

第二十一次

1997 年 4 月 8 日，费孝通访问江村，走访第二村民小组周根泉、第九村民小组徐云夫等农户，了解他们的生产和生活情况。费孝通率全家人同农户一起合影，用"谁知盘中餐，粒粒皆辛苦"的古训教育子辈和孙辈。当天还带领家人往庙港太湖边祭奠亡妻之灵。

第二十二次

1998 年 4 月 2 日，费孝通访问江村第十九村民小组周玉官家，参观永泰电子有限公司。访问 1930 年代姐姐费达生培养的第一代缫丝女工蒋云娜，参观该户的羊毛衫编织过程，了解家庭收入情况。

第二十三次

1999 年 4 月 13 日，费孝通及家人与海外友人韦思荣访问江村，参观《费孝通教授访问江村六十周年图片展》，走访第十九村民小组周玉官家，参观该户的电子器件装配车间。

第二十四次

2000 年 4 月 1 日，费孝通访问江村，听取村干部作情况介绍。走访老保姆邱纪珍的家庭，向其全家人问好。走访蒋云娜、蒋文娥等 1930 年代缫丝厂第一代缫丝女工。

第二十五次

2000 年 9 月 2 日至 5 日，费孝通访问江村，听取镇、村领导介绍情况，参观庙港缫丝厂。走访解放初期担任开弦乡乡长的姚佰生，同他聊农村和家庭生活的变化。

第二十六次

2002 年 9 月 30 日，费孝通在老县长于孟达陪同下访问江村。走访老保姆邱纪珍及重访江村时的老房东周文昌，同他们一起回顾江村发展和家庭生活变化。听说周文昌的长子是开弦弓小学的一名优秀教师，费孝通即请他把班级的学生带来，并对小朋友们说："你们是祖国的花朵，未来的希望。你们要热爱祖国，热爱家乡，努力学习，做一名现代化建设的有用人才。"

附录二

费孝通先生著述年表

1910 年

11 月 2 日，出生于江苏省吴江县县城（旧属苏州府）松陵镇富家桥弄。其父费玄锟（璞安），在科举考试中取得生员资格。1905 年留学日本，读教育学。回国后兴办新学，倡导民主，曾任江苏省教育厅视学、南通师范学校教师、吴江县议会议长。其母杨纫兰毕业于上海务本女学，倡导妇女解放，创办吴江县第一蒙养院（幼稚园）。曾为名著《女界钟》作序。

1913 年

入吴江县第一蒙养院，接受正规的新学教育。

1916 年

入吴江县第一初等小学（俗称"雷震殿小学"）。喜欢"乡土志"课程。

1920 年

举家迁至苏州城十全街，入振华女校（今苏州第十中学）读书。

1923 年

升学入振华女校附中一年级读书。

1924 年

转入苏州东吴大学第一附属中学读书。在《少年》杂志（商务印书馆主办）发表生平第一篇作品——《秀才先生的恶作剧》，后续发表《皂隶的联话》、《读陈龄君通讯感》。

1925 年

继续在东吴大学附属一中读书。写作《水荇》，表示要用"愚笨的手""写有价值的东西"。

1926 年

继续在东吴大学附属一中读书。在《少年》杂志发表《一根红缎带》，文中为一只小猫蒙受不白之冤感到难过。

1927 年

在《少年》杂志发表《新年的礼物》。文中说："新年的快乐，本来不是少数人的，应当使全人类都快乐。尤其是穷人和老人。"后续写有《杜鹃与杜甫》、《植物学家龚自珍》、《文人的自杀》、《关于曼殊的诗》、《圣诞节的话》和《圣诞节续话》。文中表现出浓厚的文学兴趣和天赋，也表达出研究人类本质的愿望——"我到现在还依旧不能认识人类，虽然我自己是一个人。我很怕在我'为人'的最后一刻时仍和现在一般的未认识人类究系何物"。

1928 年

入东吴大学医预科读书。在《少年》杂志和东吴一中毕业纪念刊发表《年终》、《龙怪》、《雪花》、《死》、《桂花》、《冬》等文章。

1929 年

任东吴大学学生会秘书、校刊通讯秘书。参加东吴大学学潮，被校方责令转学。写作《六十四号的一个朝晨》。

1930 年

夏，参加上海沪江大学暑期学习班。秋，由东吴大学转入燕京大学社会学系，师从吴文藻教授。写作《第五届华东暑期大学东吴同学会杂记》。

1931 年

参加北平学生反对日本帝国主义侵占我国东北三省的游行示威活动。因得肺炎，休学一年。翻译《印度农村改造问题》，刊于《社会问题》卷一第四期。

1932 年

参加燕京大学社会研究班。听美国社会学家帕克教授讲课。以姐姐费达生名义发表《提倡小规模制丝合作社》，刊于《国际贸易报》卷四第六号。写《〈中日战争目击记〉译文前言》。该书系其与二哥费青合译。

1933 年

参加梁漱溟主持的乡村建设实践工作。撰写毕业论文《亲迎风俗之研究》。从燕京大学社会学系毕业，获社会学学士学位。考入清华大学研究院社会学部，师从史禄国教授。是年所写《人类学几大派——功能学派之地位》发表于《社会思想》第 24、25 期。《中国文化内部变异的研究举例》发表于《社会问题》第 9 期。《社会变迁研究中的都市与乡村》发表于 11 月 5 日《北平晨报》;《我们在农村建设事业中的经验》发表于《独立评论》第 73 号。

1934 年

在史禄国教授指导下专修体质人类学课程。所写《周族婚姻制度及社会组织一考》发表于《清华周刊》卷四十一第七期。《论社会组织》《从"社会进化"到"社会平衡"》《分析中华民族人种成分的方法和尝试》分别发表于 2 月 7 日、3 月 7 日、10 月 17 日《北平晨报》。《论内省及意识》发表于 4 月 23 日天津《益世报》。《复兴丝业的先声》发表于 5 月 10 日《大公报·乡村建设》。

1935 年

往北平清河军营，对士兵进行人体测量。和王同惠一起开始翻译《甘肃土人的婚姻》一书。独自翻译《社会变迁》一书。完成毕业论文（1）"Anthropology of Koreans"（2）"Anthropology of Criminals in Peiping"。夏，通过毕业考试和论文答辩，从清华大学毕业，获硕士学位。8 月，与王同惠结婚，同赴广西省大瑶山做特种民族研究课题实地调查。途中以《桂行通讯》为总题，报告田野工作进展情况。文章发表于《北平晨报》、天津《益世报》和《宇宙旬刊》。12 月 16 日，在转移调查地点途中，因向导失引，费孝通误入捕虎陷阱，身负重伤，王同惠觅援求救途中失足落入山涧，溺水遇难。广西调查被迫中断。是年，还写有《体质研究和社会选择》、《介绍萨斯著〈初民艺术和手工〉》等文章。

1936 年

年初在广州广济医院疗伤。开始整理、编写《花篮瑶社会组织》。6 月初回家乡养伤。7 月初至 8 月在江苏省吴江县开弦弓村做实地调查。以《江村通讯》为总题，在《北平晨报》报告江村调查情况。9 月初从上海乘轮船赴英国留学，途中整理开弦弓村调查资料。10 月入英国伦敦政治经济学院（LSE），师从马林诺夫斯基教授。是年，还写有《社会研究中的价值问题》、《社会研究能有用么》、《写在〈汶上县的私塾组织〉的前面》、《社会研究的关键》、《伦市寄言》、《〈民族和文化接触〉译本编后记》等文章。

1937 年

在伦敦政治经济学院读书。参加每周例行的"今天的人类学"讨论会,研究文化变迁问题。在马林诺夫斯基指导下撰写博士论文。为天津《益世报》开设"伦市寄言"专栏。是年,写有《关于〈动变中的中国农村教育〉的通讯》《关于实地研究》《继替》《论日历》《理论与实地研究》《再论社会变迁》《论马氏文化论》《从社会变迁到人口研究》《书评》《复刊周年通讯》《显微镜下切片素描》等文章。

1938 年

春,申请论文答辩。夏,博士论文"Peasant Life in China"(中文译名《江村经济》)通过答辩,获哲学博士学位。初秋离英返国,参加"烽火中的讲学"。10 月底抵达云南昆明。11 月 15 日,赴禄丰县做实地调查。12 月任云南大学社会学教授,同时在西南联大兼课。

1939 年

博士论文"Peasant Life in China"在英国出版。马林诺夫斯基为费著作序,称誉该书"将被认为是人类学实地调查和理论工作发展中的一个里程碑"。是年主持云南大学和燕京大学联合成立的社会学研究工作站的工作,任研究员。

1940 年

因日军轰炸昆明,该研究站迁至呈贡魁星阁。是年所写文章多刊于《今日评论》,如《农村土地权至外流》《土地继承和农村的粉碎》《患土地饥饿症者》、《农家费用的分析》、《西南工业的人力基础》等，还写有《农村里的囤米》、《娱乐？工作？》、《农贷方式的检讨》等文章。

1941 年

任云南大学社会学系主任。除授课外，大部分时间用于魁星阁工作站的实地调查。是年发表大量时评、政论及学术论文，如《劳工的社会地位》、《消遣经济》、《中国乡村工业》等，分别刊于《今日评论》、《星期评论》、《东方杂志》、《当代评论》和《社会科学学报》等。

1942 年

继续指导学生进行实地调查。12 月，接受赴美进行文化交流的邀请。是年发表文章如《说养猪与吃肉》、《论旅行》、《论神经战》、《论等车》、《西山在滇池东岸》、《新工业中的艺徒》等，所涉媒体又有扩大，除前述者外，还有《中央日报》、《大公报》、《旅行杂志》等。

1943 年

2 月，与燕树棠、蔡维藩、曾昭抡、孙福熙、罗常培、张印堂、张文渊、陶云逵、潘光旦等赴大理讲学，游鸡足山，写《鸡足朝山记》并请潘光旦作序，连载于《生活导报》周刊。6 月赴美访问，写《旅美寄言》系列文章，交《生活导报》周刊发表。所著《禄村农田》由商务印书馆出版。是年还写有《过年过日子与过渡心理》、《人生的时序》、《狂者进取》、《战后经济问题讨论》《最后的一个上帝》、《清明怀故乡》、《编蝇拍的老竹匠》、《论仪式》、《我们没有分别》、《西行杂写》、《遗传和遗产》等文章。

1944 年

上半年继续旅美访问活动。《旅美寄言》系列文章继续在《生活导报》连载。7月返回中国,继续在云南农村做内地农村调查。译著《人文类型》由商务印书馆出版。是年还写有《物伤其类——哀云逵》、《邦各有其道》、《序〈战怒江〉——写给潘世徵同学》、《〈昆厂劳工〉书后》等文章。

1945 年

被清华大学聘为教授,由云南大学转入西南联大,仍主持云南大学社会学系工作。被推举为《时代评论》主编。是年加入中国民主同盟。英文版 *Earthbound China*(中文版书名《云南三村》)一书在美国出版。同时有大量时评、政论文章发表于《时代评论》、《大公报》、《中央日报》、《自由论坛》、《民主周刊》等报刊。

1946 年

夏秋之交,因"李闻事件"到美国驻昆明领事馆避难。10月,与潘光旦教授同往南京,后至苏州,写作《生育制度》。11月,应英国文化交流协会邀请,访英。《民主·宪法·人权》一书由潘光旦作序,生活书店出版。《初访美国》一书由生活书店出版。另有时评、政论、随笔等多篇文章发表于《上海文化》、《文萃》、《时事评论》等刊物。

1947 年

2月,离开英国,途径新加坡、香港返回中国上海。3月,到北京,继续在清华大学执教,任社会学教授。《重访英伦》一书由大公报馆出版。

《生育制度》一书由潘光旦作序，商务印书馆出版。《美国人的性格》由生活书店出版。另有近七十篇文章发表于《世纪评论》、《观察》、《知识与生活》、《大公报》等报刊。其中，《从社会结构看中国》和《杂话乡土社会》等系列文章引人瞩目。

1948 年

4 月，与张东荪、雷洁琼等同赴河北西柏坡，参加中共中央与各民主党派和民主人士共商筹备政协、成立联合政府、制订共同纲领的会议。继续撰写大量时评、政论和学术论文，参加迎接北平和平解放的活动。《乡土中国》、《乡土重建》由上海观察社出版。与吴晗、袁方合著的《皇权与绅权》亦由该社出版。《炉边天下》和《乡土复员论》两组系列文章分别发表于《大公报》和《观察》杂志。另有大量文章发表于《中国建设》等刊物。

1949 年

5 月，出任清华大学校务委员会委员、副教务长。支持全校"大课"，邀请艾思奇到校讲授辩证唯物主义和历史唯物主义。9 月，参加中国人民政治协商会议第一届全体会议。10 月 1 日，参加中华人民共和国成立大典。是年写有《白皮书的剖析》、《医疗互助的意义和经验总结》、《论考大学》、《当前大学种种问题》、《我参加了北平各界代表会议》、《"超越政治"》、《我这一年》、《中国革命人民大团结》、《人民首都，人民当了主人》、《论北京的税收》等文章。

1950 年

6 月，被任命为中央民族访问团团长，率团访问贵州少数民族地区。发表《什么叫搞通了思想》、《不改造就落后》、《解放以来》、《从往上爬到大家互助》、《进步的包袱》、《中英建立外交关系与帝国主义对华新策略》、《思想战线的一角——清华大学思想总结记》、《奠定了世界和平的基石》、《从"为人民服务"引起的谈话》、《理论与实际一致和课程改革》、《教育者本身的教育——记首届全国高等教育会议》等文章。《大学的改造》一书由上海出版公司出版。《我这一年》一书由三联书店出版。

1951 年

1 月，从西南返回北京。6 月，出任中央民族学院副院长。8 月，被任命为中央人民政府民族事务委员会委员。赴广西少数民族地区考察社会发展情况。是年当选为中国民主同盟中央委员、民盟北京市委副主任委员。系列文章《兄弟民族在贵州》发表于《新观察》杂志，后由三联书店结集出版。是年还写有《发展为少数民族服务的文艺工作》、《贵州少数民族情况及民族工作》、《广西龙胜民族民主建政工作》、《学习正确的立场、观点、方法——批评改良主义思想》、《关于广西壮族历史的初步推考》等文章。

1952 年

组织中央民族学院的教学、科研、行政工作。抵制院系调整，力谏社会学学科免予裁撤，皆未果。继续研究民族问题。《关于广西壮族历史的初步推考》等多篇文章分别发表于《新建设》、《新观察》等刊物。是年还写有《西南兄弟民族的歌舞》《学习共同纲领中的民族政策》等文章。

1953 年

春，出席纪念斯大林逝世座谈会并发言。《打开了和平大门》一文发表于《光明日报》，

1954 年

春，当选全国人民代表大会代表。9 月，出席第一届全国人民代表大会。访问内蒙古自治区呼伦贝尔草原。是年有多篇文章分别发表于《光明日报》、《新建设》等报刊，如《看了民族歌舞》、《自由平等的民族大家庭的大宪章》、《宪法偶谈》、《〈中华人民共和国宪法草案〉保障了各民族发展自己的语言文字的自由》、《对于宪法草案有关民族问题基本规定的一些体会》等，还写有《话说呼伦贝尔草原》系列文章。

1955 年

赴南京、苏州、杭州等地调查知识分子问题。《话说呼伦贝尔草原》系列文章连载于《新观察》杂志。是年还写有《给英国〈评比〉杂志的一封信》等文章。

1956 年

8 月，赴西南进行少数民族社会史和知识分子问题调查。10 月，被任命为国务院专家局副局长、国家民族事务委员会副主任。《话说呼伦贝尔草原》一书由通俗文艺出版社出版。另有多篇文章发表于《新观察》、

《光明日报》、《人民日报》等报刊，如《关于建立中央民族博物馆的意见》、《老朋友之间的新认识》、《全国人民代表大会会后记》、《为西湖不平》、《为西湖一文补笔》以及与林耀华沟通撰写的长文《中国民族学当前的任务》等。

1957 年

1月，在西南调查少数民族社会史和知识分子情况。任中国科学院学部委员。2月，在民盟中央有关会议上报告关于知识分子问题调查的情况。3月，在《人民日报》发表《知识分子的早春天气》一文。4月下旬至5月中旬，重访开弦弓村，调查农村积极情况。所写《重访江村》一文，连载于《新观察》杂志当年11、12期。5月31日，在《光明日报》发表《早春前后》一文。7月，被定为右派分子，受到批判。上年在《人民日报》发表的长文《中国民族学当前的任务》，是年由民族出版社出版单行本。还写有《大理历史文物的初步察访》、《为社会学说几句话》、《人口问题研究搞些什么》、《社会学的对象和内容决定于它的任务》、《关于科学体制问题》、《一则以喜，一则以忧》等文章。

1958 年

被撤销在民盟中央担任的一切职务。在国务院专家局、国家民族事务委员会、中央民族学院的行政职务亦皆被解除。保留教授职位。

1959 年

4月，被确定为全国政协委员，出席全国政协会议。12月，摘掉"右派"帽子。是年，配合当时中印划界工作，收集、翻译有关资料。

1960 年

赋闲在家。

1961 年

赋闲在家。

1962 年

夏，随全国政协视察团考察内蒙古。应长兄费振东约请撰写长文《留英记》。

1963 年

翻译《工业文明的社会问题》。

1964 年

《工业文明的社会问题》一书由商务印书馆出版。

1965 年

赋闲在家。

1966 年

"文革"开始后，9 月 1 日，受到红卫兵冲击，被抄家，遭批斗。

1967 年

在中央民族学院接受批斗改造。看护老师潘光旦，直至潘师病逝。

1968 年

在中央民族学院接受"劳动改造"。

1969 年

到湖北潜江中央民族学院"五七干校"劳动。写家书给长兄费振东。

1970 年

在干校劳动。写家书给长兄费振东，请其找浦熙修借一套《鲁迅全集》寄到干校，准备"仔细看过"。

1971 年

在干校劳动。写家书给长兄费振东，谈国际形势说："新三国演义中，我占人，苏占地，美占天。天者历史之余威。地者背靠地极，出可攻，退可守。人者意识形态的先进。三者各有所长，骄者败。最近十年中风云变幻当层出不穷，大有可观。"

1972 年

8 月，由湖北潜江返京。接待来华访问的费正清夫妇。与吴文藻、谢冰心等翻译《世界史》。

1973 年

继续翻译《世界史》。开始翻译《世界史纲》。

1974 年

4 月，接待来访的日本人类学家中根千枝。

1975 年

自 1972 年参与翻译的《世界史》一书由三联书店出版。

1976 年

参与中央民族学院研究室内部刊物《民族问题资料摘译》编译工作。

1977 年

出任中华人民共和国最高人民法院特别法庭审判员。撰写《蓄意歪曲，无耻篡改——批判江青"'母系社会'就是女人掌权"的谬论》，发表于《中央民族学院学报》。是年因闻将成立中国社会科学院，写信给负责筹建的胡乔木、于光远说："阔别多年，未免疏隔，岗位工作又使我们联系了起来。……三四十年代之初生牛犊，看来已甘为巴滇山道上背盐的驮马矣；牛也罢、马也罢，驰驱未息，殊可告慰。"

1978 年

担任中国社会科学院民族研究所副所长。11 月，赴日本出席联合国京都东亚学者学术讨论会，发表题为《对中国少数民族社会改革的体会》

的演讲。12月，参加广西、宁夏两自治区庆祝活动。重访广西壮族自治区金秀瑶山。当选全国政协常委、民盟中央副主席。是年写有《关于试刊〈世界民族知识译丛〉意见》、《关于我国民族的识别问题》、《对中国少数民族社会改革的一些体会》等文章。

1979 年

3月，参加有关"恢复社会学"问题的讨论会，被推举为中国社会学研究会会长。主持召开了该会首届理事会。4月至5月，随中国社会科学院代表团赴美考察。10月至11月，赴加拿大访问、讲学。参加蒙特利尔麦吉尔大学柯明斯讲座，发表题为《中国的现代化与少数民族的发展》的演讲。被聘为加拿大奎尔大学客座教授。是年写有《守法卫法、人人有责》、《从四川归来》、《信得过的人——忆吴晗同志》、《为社会学再说几句话》、《赴美访学观感点滴》、《〈非洲的种族〉译后记》、《中国传统伦理观念与人口问题》、《访加巡回讲学纪要》、《我国是统一的多民族的国家》和《赴美掠影》系列文章。

1980 年

1月，任中国社会科学院社会学研究所所长。2月，主持召开中国社会学研究会第三次扩大会议，讨论学科建设问题。3月，赴美国接受国际应用人类学学会授予的该年度马林诺夫斯基荣誉奖，并成为该会会员，作题为《迈向人民的人类学》的演讲。访问丹佛大学、威斯康辛大学、密执安大学、印第安纳大学、纽约市立大学、哈佛大学、芝加哥大学、加利福尼亚大学和康奈尔大学。《访美掠影》一书由三联书店出版。是年被聘为北京大学教授。1978 年写的《关于我国民族的识别问题》发表于《中国社会科学》1980 年第 1 期。是年还写有《四十三年后重访大瑶山》、《春雷送喜讯》、《雨后的晴天分外清朗》、《读布热津斯基的几本书》、《难得难忘的良师益友》、《与医学心理学者谈社会学》、《现代化与社会问题》、《社会主义民主的新起点》、《从事社会学五十年》等文章。

是年 6 月 23 日，全国政协、中央统战部召开座谈会，费孝通"右派"问题终得"改正"。其"第二次学术生命"由此正式开启。

1981 年

4 月，赴澳大利亚讲学，写系列文章《访澳杂记》。在香港《大公报》酒会发表演讲《略谈中国的现代化》。8 月，三访广西金秀瑶山。10 月，三访江村。11 月，赴英国接受皇家人类学会授予的赫胥黎奖章，并作题为《三访江村》的演讲。《生育制度》由天津人民出版社重版。《民族与社会》由人民出版社出版。是年，为外文出版局新世界出版社英文版《历史的审判》一书写序言《一个审判员的感受》，还写有《社会学讲些什么》、《龙胜猕猴桃》、《社会学系的培养目标问题》、《农村调查的体会》、《关于社会学发展的几点看法》等文章。

1982 年

1 月，四访江村。2 月，赴新疆访问。3 月，赴日本东京，在日本国际文化会馆作题为《论中国家庭结构的变动》的演讲。8 月，四访广西金秀瑶山。10 月，五访江村。12 月，在南京倡议加强对小城镇的研究。是年被选为英国伦敦经济政治学院院士。《杂写甲集》由天津人民出版社出版。与吴文藻、谢冰心等人合译的《世界史纲》一书由人民出版社出版。另有多篇文章分别在《人民日报》《新观察》等报刊发表，如《忆〈少年〉祝商务寿》、《苏南农村社队工业问题》、《英伦杂感》、《缅怀肯尼雅塔》、《老人守则刍议》、《悼福彭》、《谈民族调查工作的微型研究》、《潘、胡译〈人类的由来〉书后》、《四上瑶山》等文章。

1983 年

3月，被选为第六届中国人民政治协商会议全国委员会副主席。应邀参加香港中文大学主办的第一届"现代化与中国文化"学术讨论会，发表题为《家庭结构变化中的老年赡养问题》的演讲。5月，六访江村。7月，赴贵州考察，在省政协做有关民族识别问题的报告。9月，参加江苏省小城镇研讨会，作题为《小城镇 大问题》的报告。10月，七访江村。《从事社会学五十年》一书由天津人民出版社出版。《重访英伦》一书由湖南人民出版社出版。是年发表的文章内容多为知识分子、智力资源开发和小城镇建设等问题的研究，如《人才与智力资源》、《知识分子问题的十二字诀》、《中国的现代化和知识分子问题》、《农村工业化的道路》、《继续开展江苏小城镇研究》等。

1984 年

4月，赴印度新德里参加"亚洲医院人口和发展论坛"首届大会，并发表题为《中国人口的合理安排问题》的论文。4月至5月，赴江苏省徐州、连云港、盐城、淮阴、扬州等地考察。7月，在香港中文大学发表题为《小城镇的发展在中国的社会意义》的演讲。8月，赴内蒙古自治区巴林右旗及翁牛特旗考察。10月，初访甘肃省定西县。八访江村。11月，赴福建省考察。12月，赴日本参加中国对外友好协会组织的访问活动。《杂写乙集》由天津人民出版社出版。是年发表的文章内容多是关于小城镇发展和重建社会学的主题，如《〈中国农村的经济社会变革〉序》、《及早重视小城镇的环境问题》、《天津千户户卷调查——迈开社会学研究的新的一步》、《小城镇 再探索》、《小城镇 苏北初探》、《小城镇 新开拓》等。

1985 年

3月，辞去中国社会科学院社会学研究所所长职务，组建北京大学社会学人类学研究所，任所长，培养研究生。6月，出任中华人民共和国香港特别行政区基本法起草委员会副主任。赴内蒙古自治区进行边区少数民族地区发展调查，出席"边区开发科学研讨会"。7月，九访江村。8月，赴甘肃省兰州市，出席"开发大西北问题"座谈会。10月，十访江村。11月，赴香港中文大学主办的第二届"现代化与中国文化"学术研讨会，就"中国家庭及其变迁的问题"发表题为《三论中国家庭结构的变动》的演讲。赴福建省闽江口考察。12月，赴海南岛进行"地区发展与黎族苗族聚居区"考察，参加海南开发与发展战略研讨会。《社会调查自白》一书由知识出版社出版。《杂写丙集》、《社会学的探索》由天津人民出版社出版。《美国与美国人》由三联书店出版。《小城镇四记》由新华出版社出版。

1986 年

2月上旬至3月上旬，初访温州，考察乡镇企业与小城镇发展。在杭州作题为《小商品，大市场》的报告。5月，赴江苏省江阴、无锡考察，第十一次访问江村。6月，随中共中央总书记胡耀邦一同出访英国、法国、德国、意大利。8月，赴甘肃省定西县参加全国贫困地区经济文化开发学术研讨会。赴宁夏自治区考察。9月，赴南京出席"江苏小城镇研究汇报会"，并赴淮阴、盐城考察中等城市发展状况。是年被选为英国皇家人类学会荣誉会员。《小城镇四记》获北京大学首届科研成果荣誉奖。《江村经济》一书由江苏人民出版社出版。《杂写丁集》、《论小城镇及其他》由天津人民出版社出版。

1987 年

1月，在中国民主同盟五届四中全会上当选为民盟中央主席。4月，赴河南省民权县考察乡镇企业和小城镇建设。5月，第十二次访问江村。赴湖南常德、岳阳考察乡镇企业和小城镇建设。7月，赴内蒙古自治区呼伦贝尔盟鄂温克族和鄂伦春族聚居区与大兴安岭林区考察。8月，赴甘肃省和青海省海东六县考察边区与民族地区发展状况。9月，第十三次访问江村。10月，赴澳门参加澳门东亚大学李约瑟讲座，宣读题为《中国人口分布问题的探索》的论文，并获东亚大学社会科学荣誉博士称号。内部发表与美国纽约市立大学人类学教授巴博德所作长篇对话《经历·见解·反思》，刊于《中央盟讯》。11月，赴日本东京都成蹊大学，作题为《社会学中国学派和我的学术经历》的学术报告。《边区开发四题》一书由浙江人民出版社出版。《沿江六行》一书由江苏人民出版社出版。译著《文化论》由中国民间文艺出版社出版。《山水·人物》一书由江苏人民出版社出版。

1988 年

2 月，赴美国纽约接受美国不列颠百科全书奖。3 月，当选第七届全国人民代表大会常务委员会副委员长。赴陕西宝鸡考察城乡一体化进程。5 月，赴湖南长沙参加"全国城乡关系和边区发展研讨会"，作题为《压力·时机·对策》的报告。6 月，赴香港出席第三届"现代化与中国文化研讨会"，发表题为《论梁漱溟先生的文化观》的演讲。7 月，赴甘肃兰州出席"建立黄河上游多民族经济开发区研讨会"。9 月，赴美国访问。11 月，赴香港中文大学，在泰纳讲座宣读题为《中华民族的多元一体格局》的论文。12 月，五访广西金秀瑶山。接见《北京周刊》（英文版）记者采访，谈多党合作话题。《费孝通选集》由天津人民出版社出版。《费孝通学术精华录》由北京师范学院出版社出版。《费孝通外访杂写》由中国展望出版社出版。《花篮瑶社会组织》由江苏人民出版社出版。

1989 年

3 月，在"公共关系学讲习班"开学典礼发表《从私交到公关》的演讲。4 月，率中国民主同盟代表团出访波兰。在波兰民主党第十四次大会举办的"政治经济讨论会"上作《异军突起的中国乡镇企业》的演讲。5 月，赴陕西西安参加"城乡发展与边区少数民族地区发展研讨会"，作《四年思路回顾》的演讲。7 月，在"二十一世纪婴幼儿教育与发展"国际会议作书面发言，题为《从小培养二十一世纪的人》。9 月，赴香港接受香港大学授予的文学博士学位。《中华民族的多元一体格局》一文发表于《北京大学学报》（社科版）。

1990 年

4 月 10 日，在中南海向江泽民提出"将上海建成大陆的香港"的构想。4 月至 5 月，赴江苏、浙江两省和上海市，作长三角地区实地考察，第十四次访问江村。赴云南考察，写《重访云南三村》。7 月，参加辽宁阜新举办的"区域规划与现代管理研修班"，作《结合实际修正认识》的报告。8 月，应苏联科学院邀请，访问苏联。10 月，赴内蒙古包头考察边区大工业的扩散问题，写《包头行》。11 月，赴日本出席"东亚社会研究讨论会"，作题为《人的研究在中国》的演讲，并为会议题写"各美其美，美人之美，美美与共，天下大同"作纪念。是年发表《人的研究在中国》、《重访云南三村》等文章。《甘肃杂写》系列文章和《红场小记》发表于《瞭望》周刊。《云南三村》中文版由天津人民出版社初版。

1991 年

4 月，赴江苏吴江，第十五次访问江村。写《吴江行》。6 月，赴四川凉山地区考察，写《凉山行》，提出"一点、一线、一面"的大西南开发思路。7 月，赴吉林省长春、延吉、珲春、四平等地考察。9 月至 10 月，赴湖南湘西地区、四川黔江地区、湖北鄂西地区，考察连片贫困山区经济发展及土家族、苗族聚居区的经济社会发展情况。是年发表《清华人的一代风骚》、《关于内蒙古经济发展的一些意见》等文章。《旧燕归来》一书由江苏人民出版社出版。

1992 年

3 月，赴广东顺德、中山、番禺考察，写《珠江模式的再认识》。5 月，赴山东曲阜、临沂、日照、潍坊、邹平、泰安、济南考察，写《沂蒙行》。6月，出席"北京大学社会学系建系十周年纪念会"，作题为《孔林片思》的讲话。9月，赴香港参加北京大学、香港中文大学共同举办的首届"潘光旦纪念讲座"，发表题为《中国城乡发展道路》的演讲。11月，担任中华炎黄文化研究会顾问。出席"乡镇企业研讨会"，发表题为《乡镇企业的新台阶》的讲话。12月，赴河北沧州考察，写《沧州行》。是年，《行行重行行——乡镇发展概述》由宁夏人民出版社出版。

1993 年

2月底至3月初，赴河北邯郸考察，写《邯郸行》。6月，出席"全国乡镇企业发展与经营研讨班"，发表题为《展望中国的乡镇企业》的讲话。9月，赴日本福冈接受该年度亚洲文化大奖，发表题为《关于人类学在中国》的演讲。10月，出席北京大学第二届"潘光旦纪念讲座"，作题为《略谈中国社会学》的演讲。赴苏州参加第四届"现代化与中国文化研讨会"，作题为《个人·群体·社会》的演讲。赴江苏吴江，第十六次访问江村。11月，赴印度出席第四届英迪拉·甘地学术会议，发表题为《对"美好社会"的思考》的演讲。是年，被授予国际人类学、民族学联合会终身会员。发表《寻根絮语》、《史记的书生私见》等文章。《逝者如斯》一书由苏州大学出版社出版。《人的研究在中国》一书由天津人民出版社出版。

1994 年

1月，赴香港，以邵逸夫爵士杰出学人身份访问香港中文大学逸夫书院，作题为《近年来中国农村经济发展的几个阶段》的演讲。5月，赴河南考察，在信阳参加中原经济协作区第九届年会，写《信阳行》。8月至9月初，访问菲律宾，接受拉蒙·麦格赛赛"社会领袖"奖，发表题为《社会科学对中国农村发展的贡献》的演讲。10月，赴江苏吴江，第十七次访问江村。赴香港参加第三届"潘光旦纪念讲座"。11月，赴浙江温州考察，写《家底实，创新业》。是年，发表《近年来中国农村经济发展的几个阶段》、《从史禄国老师学体质人类学》、《从蚌龙想起》等文章。《芳草天涯——费孝通外访杂文选集》一书由苏州大学出版社出版。

1995 年

4月，赴河南漯河、新密、项城、郑州等地考察，写《豫中行》。5月，赴江苏吴江，第十八次访问江村。6月，出席北京大学第一届"社会文化人类学高级研讨班"，提交题为《从马林诺斯夫基学习文化论的体会》的论文，作题为《继往开来，发展中国人类学》的演讲。7月，赴内蒙古赤峰考察，写《三访赤峰》。10月，参加第四届"潘光旦纪念讲座"及北京大学社会学人类学研究所建所十周年学术座谈会，发表题为《开风气，育人才》的演讲。11月，出席"中国小城镇发展高级国际研讨班"，作题为《论中国小城镇的发展》的演讲。是年发表《农村·小城镇·区域发展》、《小城镇研究十年反思》、《晋商的理财文化》、《开风气，育人才》等文章。《言以助味》一书由苏州大学出版社出版。

1996 年

4月，赴江苏吴江，第十九次访问江村。8月，出席"国际图书馆协会联合会第六十二届年会",作题为《从小书斋到世界新型图书馆》的演讲。9月,参加第五届"潘光旦纪念讲座",第二十次访问江村,出席北京大学主办的"中国文化对世界未来发展的贡献学术研讨会"暨贺费孝通教授从事学术活动六十周年欢聚会,即席发表演讲。是年,发表《简述我的民族研究经历和思考》等文章。《爱我家乡》一书由群言出版社出版。《学术自述与反思》一书由三联书店出版。《费孝通学术文化随笔》一书由中国青年出版社出版。《费孝通选集》一书由海峡文艺出版社出版。

1997 年

1月,出席北京大学重点学科汇报会,作题为《开创学术新风气》的发言。出席第二届"社会文化人类学高级研讨班",提交论文《重读〈江村经济〉序言》,作题为《反思·对话·文化自觉》的演讲。4月,赴江苏吴江,第二十一次访问江村。赴深圳参加"民盟京九沿线地区经济发展研讨会",作题为《从京九铁路通车说开去》的讲话。赴香港参加第五届"现代化与中国文化研讨会",作题为《人文价值再思考》的演讲。7月1日,作为中国政府代表团主要成员之一,赴港参加香港回归祖国的政权交接仪式。12月,赴深圳参加"京九沿线地区经济合作与社会发展研讨会",作题为《为京九沿线城乡发展提供一些意见》的讲话。是年,发表《青春作伴好还乡》、《人文价值再思考》、《上海浦东开发开放中的一个重要问题》、《游滕王阁小记》等文章。《走出江村》一书由人民日报出版社出版。《行行重行行续集》一书由群言出版社出版。

1998 年

2 月，参加北京大学一百周年校庆活动，发表题为《完成"文化自觉"使命，创造现代中华文化》的讲话。4 月，赴江苏吴江，第二十二次访问江村。5 月，赴杭州参加国际学术讨论会，发表题为《中国农村工业化与城镇化发展》的论文。6 月，出席北京大学"二十一世纪文化自觉与跨文化国际系列讲座"暨第三届"社会文化人类学高级研讨班"，提交论文《读马老师〈文化动态论〉书后》，发表《从反思到文化自觉和交流》、《世变方激，赶紧补课》等讲课插话。12 月，赴香港，参加"中华文化与二十一世纪国际研讨会"，发表题为《中华文化的新世纪面临的挑战》的演讲。是年，发表《文化的传统与创造》《区域经济发展的新思考》等文章。《往事重重》一书和译著《甘肃土人的婚姻》由辽宁教育出版社出版。

1999 年

2 月，与北京大学社会学人类学研究所研究人员座谈，发表《参与·超越·神游·冥想》的即席讲话。4 月，在"北京大学农村问题系列讲座"上作题为《我的农村研究》的讲话。赴江苏吴江，第二十三次访问江村。7 月底至 8 月初，赴黑龙江佳木斯、同江，访问赫哲族同胞，实地了解他们的生活情况，在座谈时发表题为《小民族大家庭》的即席讲话。8 月，参加中华炎黄文化研究会举办的"九九暑期座谈会"，发表题为《必须端正对异文化的态度》的讲话。赴江西景德镇参加"九九百年传统手工艺研讨会"，发表题为《更高层次的文化走向》的讲话。9 月，参加纪念潘光旦先生诞辰一百周年座谈会，发表题为《推己及人》的讲话。10

月，参加第六届"现代化与中国文化研讨会"，作题为《重建社会学与人类学的回顾和体会》的演讲。11 月，参加上海大学上海社会发展研究中心揭牌仪式，担任该中心主任，作题为《培养真正有学问的人才》的演讲。是年，发表《区域经济发展的新思考》、《我心中的爱国者》、《家庭工业和私营企业》等文章。《费孝通文集》（十四卷本）由群言出版社出版。

2000 年

4 月，赴江苏吴江，第二十四次访问江村。5 月，到中国艺术研究院作题为《西部人文资源的保护、开发和利用》的学术报告。6 月，赴西安参加"陕西省实施西部大开发高级研讨会"，发表题为《积极拥护、支持西部大开发战略》的讲话。7 月，赴上海参加"二十一世纪人类的生存发展国际学术研讨会"暨第五届"社会文化人类学高级研讨班"，发表题为《新世纪，新问题，新挑战》的演讲；出席"国际人类学与民族学联合会（IUAES）中期会议"，作题为《创建一个和而不同的全球社会》的主旨发言。8 月，赴福建泉州参加"汉民族研究 2000 年国际研讨会"。9 月，赴江苏吴江，第二十五次访问江村。11 月，赴上海参加"社区建设研讨会"；赴香港参加"杨庆堃纪念座谈会"；参加"二十一世纪中华文化论坛：经济全球化与中华文化走向国际学术研讨会"，宣读论文《经济全球化和中国"三级两跳"中对文化的思考》。是年，发表《关于当前城市社区建设的一些思考》、《关于当前城市社区建设的再思考》、《论西部开发中的文化产业》、《故地重游多新见》等文章。

2001 年

4 月，参加清华大学九十周年校庆活动。5 月，参加中华炎黄文化研究会成立十周年纪念会。6 月，参加中央民族大学五十周年校庆活动。参加中国民主同盟成立六十周年庆祝大会。赴甘肃兰州，主持召开"西部人文资源的开发利用研讨会"，发表题为《九访兰州，两次讲话》的文章。7 月，参加第六届"社会文化人类学高级研讨班"，发表题为《人类学与二十一世纪》《民族生存与发展》的讲话。10 月，赴香港参加第七届"现代化与中国文化研讨会"，发表题为《进入二十一世纪时的回顾和前瞻》的讲话。是年，发表《关于"多元化的西部文化"和"文化生态失衡问题"的谈话》、《再谈中国古代玉器和传统文化》、《人类学与二十一世纪》等文章。《费孝通文集》第十五卷由群言出版社出版。

2002 年

4 月，赴上海，参加"社区建设理论研讨会"，发表题为《对上海社区建设的一点思考》的讲话。5 月，赴山西太原，参加山西大学百年校庆。赴南京，参加南京大学百年校庆，在"世界著名科学家论坛：科学与社会进步"作题为《文化论中人与自然关系的再认识》的讲话。6 月，参加南开大学社会学专业班毕业二十年聚会。7 月，赴吉林长春，被授予吉林大学名誉教授。赴上海参加"上海及长江三角洲地区合作与发展国际研讨会"，发表题为《上海作为国际大都市的回顾和前瞻》的论文。8 月，参加中华炎黄文化研究会暑期论坛工作座谈会。9 月，赴江苏吴江，第二十六次访问江村（此为一生中最后一次访问江村）。10 月，参加"费孝通教授从事学术活动六十一周年座谈会"。11 月，出席北京大学社会学系建系二十周年庆祝大会，作题为《继往开来建设二十一世纪中国的社会学》及《回眸七十年》的演讲。是年，发表《关于"文化自觉"的一些自白》、《"补课"问题应引起知识界的注意》、《哲学社会科学的春天》等文章。《费孝通译文集》（上下册）由群言出版社出版。

2003 年

3月，参加"费孝通教育基金"成立会。4月，赴上海参加"世博会与上海城市文化精神座谈会"。7月访问黑龙江大庆、哈尔滨，向中央有关部门提出《对大庆地质灾害治理的建议》和《对大庆利用俄原油的建议》。8月，赴山西太原参加"晋阳文化与民族精神"座谈会及中华炎黄文化研究会暑期论坛工作座谈会。11月，获首届江苏省小城镇建设与研究终身成就奖。在"《小城镇 大问题》发表二十周年座谈会暨颁奖仪式"上发表题为《我的思路框架》的书面发言。12月，在北京参加"纪念费孝通教授《小城镇 大问题》发表二十周年座谈会"，发表题为《再谈从小城镇到区域经济》的书面发言。12月29日，生病住院就医。

2004 年

住院就医。

2005 年

4月24日病逝。

1994 年夏，作者第一次到开弦弓村，在村委会门前留影。

2016 年春，在费孝通 1936 年拍摄江村风貌站立的桥上可见的今日江村一角。

跋

1936，一块界碑

1936 年夏，费先生去江村作调查，后来根据调查资料写出《江村经济》。

去江村之前，当年 6 月，费先生完成《花篮瑶社会组织》的编写。

这两本书，是费先生一生学术工作的起点。

费先生说，自己一辈子只写了两篇文章，一篇"农村"，一篇"民族"。

显然，"农村"是从江村写起，"民族"是从瑶山写起。其毕生著述，或可看作《江村经济》和《花篮瑶社会组织》的延伸和纵深。

"农村"一文，江村开笔，最终写出中国农村工业化、城镇化。

"民族"一文，瑶山开笔，最终写出"中华民族多元一体格局"。

由此说，"1936"这个年份，对费先生的重要性无需多言。

今年是费先生江村调查八十周年，《花篮瑶社会组织》编成八十周年。

写出这本小书，亦为表达纪念。

一个人的纪念。

张冠生

2016 年 6 月 16 日

于京西北博雅西园